Ottmar Fuchs

Gott, die Welt, mein Kater und ich

OTTMAR FUCHS

Gott, die Welt, mein Kater und ich

echter

Klimaneutral
Druckprodukt
ClimatePartner.com/12514-2106-1001

Der Umwelt zuliebe verzichten wir bei diesem Buch auf Folienverpackung.

Bibliografische Information der Deutschen Nationalbibliothek
Die Deutsche Nationalbibliothek verzeichnet diese Publikation in der Deutschen Nationalbibliografie; detaillierte bibliografische Daten sind im Internet über ‹http://dnb.d-nb.de› abrufbar.

1. Auflage 2021

www.echter.de

Umschlag: Vogelsang Design, Jens Vogelsang, Aachen
Umschlagbild: Shutterstock / Kuzina Natali
Satz: Crossmediabureau – https://xmediabureau.de
Druck und Bindung: Friedrich Pustet, Regensburg

ISBN 978-3-429-05654-4

Inhalt

Vorwort

Zu Katzen gibt es viele Fotos, Geschichten und längst auch Bücher. Aber kaum eines ist überflüssig. Denn so sind Katzen nun mal: Der ihnen verfallene Mensch kann kaum aufhören, ihnen zu begegnen, über sie zu sprechen und über sie nachzudenken. Ich befinde mich in dem gleichen Bann, seitdem ich jahrelang in unserer Hausgemeinschaft unsere Katze erleben durfte.

Es ist nun ein eigenartiges Phänomen, dass ich mit diesen Erlebnissen nicht allein bin, in der Gegenwart nicht und in der Vergangenheit auch nicht. Was geht Menschen im Umgang mit Katzen auf, was ihr Leben reicher, interessanter, mitgeschöpflicher und mitmenschlicher macht? Dabei geht es um meine eigenen Erfahrungen mit unserem Kater, aber mit der Sehnsucht, sie mit vielen ähnlichen oder auch anderen Erfahrungen mit der Katze zu teilen: in der Geschichte,[1] in der Literatur, in entsprechenden Erlebnisweisen und in der Religion; ein wenig eben darum, meinen Kater und mich mit „Gott und der Welt" zu verbinden.

Vieles beginnt mit einem Augenzwinkern. Wenn man der Katze in der Erfahrungswelt der Menschen nachgeht, kann man Bauklötze staunen. Und weil mit der Katze auch das Groteske des Alltags aufgedeckt wird, erlebt man viel Humor, ja sie kommt geradezu als Verleiblichung des Humors daher. Man könnte auch sagen: Millionen von Katzenliebhaberinnen und -liebhabern können nicht irren! Richtig ist jedenfalls, dass in der menschlichen Vorstellungswelt diese Begegnung als hinreißend und mitreißend gleichstufig erfahren wird. Dies beinhaltet auch, dass viel gelernt werden kann, von den Menschen jedenfalls, vielleicht auch von der Katze auf ihre Weise.

In der theologischen Zoologie Rainer Hagencords geht es um eine „Theologie der Begegnung“ zwischen Mensch und Tier.[2] Genau um eine solche Begegnung, die dann weiter vernetzt wird mit etlichen anderen Begegnungen in Geschichte und Literatur, geht es in diesem Buch. Es geht also weniger um eine Zoologie der Katze an sich, sondern um eine Anthropologie dessen, was die Menschen mit Katzen erfahren und dabei projizieren. Denn die menschlichen phantasievollen Zuschreibungen hinsichtlich der Katze sind eine eigene Wirklichkeit mit guttuenden Wirkungen. Immerhin löst sie durch ihr Verhalten und Wesen all diese Vorstellungen aus, um die es jetzt geht.

Ich danke dem Lektor des Echter Verlags, Herrn Heribert Handwerk, für seine treue Unterstützung dieses Projekts und für das umsichtige Lektorat. Für die immer zuverlässige Schreibarbeit danke ich Frau Dr. Barbara Körber-Hübschmann und für wertvolle Hinweise sowie für die abschließende Durchsicht des Manuskripts Herrn Rolf Bechmann. Meiner Schwester Irene Keller danke ich für gute Ideen zwischen dem „Gestiefelten Kater“ und „Kater Mikesch“[3], die uns von unserer Kindheit an wenigstens im Märchen erleben ließen, dass Katzen wunderbare Kreaturen sind, die uns gut tun.

Lichtenfels, im Mai 2021
Ottmar Fuchs

1. Humorig und abgründig

1. Wirklichkeitshaltige Idealisierung

Der 8. August ist seit etwa 20 Jahren Weltkatzentag. Woher dieser kommt, ist nicht mehr ganz auszumachen, aber gefeiert wird er zu Ehren der Katze auf jeden Fall. Im Internet gibt es sogar einen Countdown zum Weltkatzentag 2021.[1] Er gilt als ein kurioser Feiertag. Und es gibt gute Gründe für einen eigenen Katzenehrentag: einmal, um auf die Lebensverhältnisse bedrohter Wildkatzenarten hinzuweisen, und dann, um den Schutz der Hauskatzen zu verbessern. Aber dann auch, um einmal den Dank zu feiern für all das, was Katzen den Menschen in ihrem Dasein und in ihren Beziehungen zu den Menschen schenken.[2] Gerade dadurch, dass sie nicht nützlich sein müssen. Kurt Tucholsky hat dies schön formuliert: „Denn die Katze ist das einzige vierbeinige Tier, das den Menschen eingeredet hat, er müsse es erhalten, es brauche aber dafür nichts zu tun."[3] Selbstverständlich müssen Katzen opportunistisch sein, anders kommen sie nicht durch ihre sechs bis neun (je nach Land) Leben. Aber bei alledem bleiben sie kryptisch, diese Aura legen sie niemals ab.

Treffend formuliert es Michael Brake: „Die Katze als das Mustertier des Müßiggangs, als die aufrechte Kämpferin …: als die in eingerollter Pose liegende Beobachterin des Kampfes gegen protestantische Arbeitsethik und neoliberale Selbstausbeutung. Allein deswegen sollen und müssen wir ihr huldigen, am Weltkatzentag und auch sonst … Katzen führen keine To-do-Listen. Katzen haben keine Schrittzähler-App auf ihrem Smartphone installiert und vor allem diskutieren Katzen mit dir nicht über Zeitmanagement und Self-Optimization. Was sie heute nicht schaffen, erledigen sie einfach in den nächsten sechs bis acht Leben. Diese glücklichen Leben."[4] *Solche* Idealisierung *ist* angesichts der Katze eine wirkmächtige Wirklichkeit!

2. Metapher für das Weibliche

Das gesellschaftlich und auch literarisch geprägte widersprüchliche Frauenbild von der Femme fatale bis zur anschmiegsamen Geliebten – und beides auch gleichzeitig – wurde nicht selten fatalerweise mit dem unterstellten Wesen der Katzen in eins gesehen und derart bestätigt. Wie etwa bei Joachim Ringelnatz (1883–1934) in seinem zwiespältigen Gedicht:[5]

> Schöne Fraun und Katzen pflegen
> Häufig Freundschaft, wenn sie gleich sind,
> Weil sie weich sind
> Und mit Grazie sich bewegen.
>
> Weil sie leise sich verstehen,
> Weil sie selber leise gehen,
> Alles Plumpe oder Laute
> Fliehen und als wohlgebaute
> Wesen stets ein schönes Bild sind.
>
> Unter sich sind sie Vertraute,
> Sie, die sonst unzähmbar wild sind.

Fell wie Samt und Haar wie Seide.
Allverwöhnt. – Man meint, daß beide
Sich nach nichts, als danach sehnen,
Sich auf Sofas schön zu dehnen.

Schöne Fraun mit schönen Katzen,
Wem von ihnen man dann schmeichelt,
Wen von ihnen man gar streichelt,
Stets riskiert man, daß sie kratzen.

Denn sie haben meistens Mucken,
Die zuletzt uns andre jucken.
Weiß man recht, ob sie im Hellen
Echt sind oder sich verstellen? …

Doch begegnen Ringelnatzen
Häßlich alte Fraun mit Katzen,
Geht er schnell drei Schritt zurück.
Denn er sagt: Das bringt kein Glück.

Hier schimmert also die ganze ambivalente Tradition einer bestimmten aus Männerperspektive produzierten Sicht von Frauen und Katzen durch, zwar hochattraktiv, immerhin Ringelnatz!, aber deswegen nicht weniger chauvinistisch.[6] Humorvoll bedient hier Ringelnatz frauendegradierende Einstellungen. Auch Humor kann ambivalent sein und seine Abgründe haben. Man merkt schon, das Ganze mit der Katze ist ziemlich vielschichtig!

Auf einem ganz anderen Niveau bringt der französische Poet Charles Baudelaire (1821–1867) Katze und Geliebte ins gegenseitig achtende poetische Gespräch:

Die Katze[7]

Komm, schöne Katze, und schmiege dich still
An mein Herz, halt zurück deine Kralle.
In dein Auge ich träumend versinken will,
Drin Achat sich verschmolz dem Metalle.

Wenn meine Hand liebkosend und leicht
Deinen Kopf und den schmiegsamen Rücken,
Das knisternde Fell dir tastend umstreicht
Sanft, doch berauscht vor Entzücken,

Dann seh' ich sie. Und ihres Blickes Strahl
Er scheint dem deinen, schönes Tier, zu gleichen,
Ist tief und kalt, scharf wie geschliffner Stahl,

Und feine Düfte fühl' ich zitternd streichen,
Gefährlich süßen Hauch, der gluterfüllt
Den braunen Leib von Kopf zu Fuß umhüllt.

Auf eine ebenso zurückhaltende wie auch vielschichtige Weise bringt Thomas Mann in seinem Roman „Der Zauberberg“ die Katzenaura mit einer ganz bestimmten Madame zusammen, die in ihrem Wesen entsprechend geschildert wird. Der deutsche Name „Katze“ fällt nicht, aber Madames französischer Name ist bedeutsam genug, denn sie heißt Chauchat und hat beides in ihrem Namen: das französische Chaud = heiß und die französische Katze = Chat. Aber auch ihr Vorname lässt aufhorchen, kommt er doch vom englischen Wort Claw = Kralle. Madame Clawdia Chauchat strahlt manches aus, was auch gerne mit einer Katze assoziiert wird: Sie … „ging vor ihm die Treppe hinunter, geräuschlos, schmiegsam und etwas vorgeschobenen Kopfes.“[8] Und nochmals: „Sie ging ohne

Laut, … ging eigentümlich schleichend … Castorp … bemerkte, dass sie breite Backenknochen und schmale Augen hatte.“ An anderer Stelle ist es ein „liebliches Schleichen“ und sind es graugrüne „Schlitzaugen“. Eine ältere Dame sagt: „Sie ist so lässig. Eine entzückende Frau“, und dann ganz interessant: „Sie sollte die Tür ordentlich zumachen“, sagt Hans Castorp, die Hauptfigur des Romans.[9] Freiheitsliebend ist sie, sinnlich, exotisch, ungewöhnlich und magisch, und, aus einem hinterkaukasischen Land kommend, mit einem Schuss geheimnisvoller Wildheit.

Castorp spürt intensiv ihre unmittelbar erotische Körperlichkeit. Feuer und Flamme entbrennt er für sie. Und er verfällt ihr in der zur Walpurgisnacht ähnlichen Fastnacht. Als er ihr unter Alkoholeinfluss, auf Französisch selbstverständlich, seine Liebe gesteht, erlebt er sie nun tatsächlich *heiß*: „O, die Liebe, weißt du … Leid, Liebe, Tod, diese Drei sind nur eines. Denn der Leib, das ist die Krankheit und die Wollust, und er, er gebiert aus sich den Tod, ja, sie sind fleischlich, alle beide, die Liebe und der Tod, und daraus erwächst ihr Schrecken und ihre große Magie … gleicherweise nun liegt … in der fleischlichen Liebe etwas Schamloses und Peinliches, und der Leib errötet und erblasst in seiner Fleischlichkeit aus Schrecken und Scham über sich selber. … O berauschende Schönheit des lebendigen Körpers, der nicht künstlich aus Ölfarben noch aus Stein gemacht, sondern aus ewig sich wandelnder, ewig belebter Materie geschaffen und durchpulst ist vom fiebrigen lodernden Geheimnis des Lebens und der Verwesung!“[10] Es ist die Erfahrung unwiderstehlicher Hingerissenheit, die alles Normale außer Kraft setzt. Mit der Einsicht, dass Thomas Mann hier eine katzenartige Metapher figuriert, liegt man sicher nicht ganz falsch.[11]

3. Ambivalenz bis zum Horror

In seiner Erzählung „Die schwarze Katze“ erzählt Edgar Allan Poe die abgrundtiefe Ambivalenz der Mensch-Katzen-Beziehung in einer Weise, dass es einem kalt den Rücken herunterläuft. Der Mann, der seit seiner Kindheit ein Weichherziger mit Mensch und Tieren war und der mit seiner Frau, die ein ähnliches Gemüt hat, Vögel, Goldfische, Hund, Kaninchen, einen Affen und eine Katze mit großer Liebe zueinander bei sich hat, zerbricht an seiner Trunksucht und fängt an, Frau und Tiere zu schlagen und zu quälen. Am Ende erschlägt er seine Frau, nachdem er die erste Katze im Hass getötet hat. Ein anderer schwarzer Kater war ihm zugelaufen. Dieser verfolgt den Säufer und reagiert mit einem weißen Brustfleck, auf dem sich immer mehr ein Galgen zeigt. Er wird so zu einem teuflischen Geheimnis. Der Kater rächt die Geschundenen und liefert den Mann am Ende dem Galgen aus: Nachdem dieser den toten Körper der Frau im Keller eingemauert hat, sucht er nach dem Kater, der bei der Tat anwesend war, aber er findet ihn nicht. Als die Polizisten im Keller sind, fängt der Kater aber das Schreien an, denn er war mit eingemauert worden. So wird der Mann des Mordes überführt und zum Tod verurteilt. Die heimelige Beziehung wird zur unheimlichen. Der Mann verändert seine Beziehung von der guten zur zerstörerischen hin, doch das Tier reagiert und rächt den Tod des ersten Katers: der Mann hatte diesen an einen Galgen gehängt.[12]

Die Fallhöhe kann nicht größer sein als zwischen diesen beiden Sätzen: „In der selbstlosen und opferfreudigen Liebe eines Tieres ist etwas, das jedem tief zu Herzen gehen muss …“ Gegenüber dem Satz: „Bei Tage ließ das Tier mich nicht einen Augenblick allein, und in der Nacht fuhr ich fast jede Stunde aus qualvollen Angstträumen empor, um den heißen Atem des Viehes über mein Gesicht wehen zu fühlen und den Druck seines schweren Gewichts – wie die Verkörperung eines grässlichen Albgespenstes, das ich nicht abzuschütteln vermochte – auf meiner Brust zu tragen."[13] Selbstverständlich ist der Mann selbst die Ursache dieser Differenz.

Diese ganze Spannung bringt auch Hector Hugh Munro zum Ausdruck, wenn er von der gleichen Katze sagt: Sie scheint die Verkörperung von allem Weichen und Samtenen zu sein, ohne scharfe Kanten, eine Träumerin, deren Philosophie Schlafen ist. Aber wenn der Abend kommt, geht sie in den Garten mit einem roten Funken in ihren Augen und jagt und tötet Spatzen.[14] Auch für die Natur gilt die Einsicht Walter Benjamins, dass es kein Dokument der Kultur gibt, ohne zugleich ein solches der Barbarei zu sein.[15] So stoßen immer wieder zwei Augen aufeinander: das zwinkernde und das weinende Auge. So auch in Grimms Märchen: Der „Gestiefelte Kater" setzt seine ganze Raffinesse dafür ein, dass der arme Müllersohn zum Grafen und der böse Zauberer listreich beseitigt wird, und die hinterlistige, gefräßige Katze in „Katze und Maus in Gesellschaft" wird der Maus trotz des Gemeinschaftsversprechens am Ende doch zum Verhängnis: „Siehst du, so geht's in der Welt."[16]

2. Epitaph für Mauzi

Ohne Mauzi gäbe es manches nicht in meinem Leben, schon gar nicht dieses Buch. Wie es eine Frage ist, ob die Philosophin Christine M. Korsgaard ihr moralphilosophisches Werk „Tiere wie wir“[1] jemals geschrieben hätte ohne die fünf Katzen, mit denen sie in den vergangenen 35 Jahren zusammengelebt hat und denen sie ihr Werk ausdrücklich und namentlich widmet. Man kann nicht nur über die Katzen im Allgemeinen sprechen. Man/frau muss schon eine eigene Erfahrung mit einer Katze gemacht haben, um von daher weiterzudenken. Sonst wäre alles ein aufgesetzter Krampf, der Katze selbst immer ein Gräuel, denn „Aufgesetztes“ verabscheut sie heftig. Deshalb nun, im Sprechakt tief empfundener Dankbarkeit, die Erinnerung an unseren Kater Mauzi. Ich oute mich also selbst als einen, dem jede Unvoreingenommenheit fehlt.

1. Erweiterte Wahrnehmung

Es sind die Erlebnisse mit einer Katze, halb wild, halb häuslich, die in dem Familienhaus, in dem ich wohne, zur Hausgemeinschaft gehörte. Eine schwarze Katze mit weißem Bauch, weißem Kinn und weißen Pfoten. Nach jahrelangem Umgang mit ihr ist mir immer klarer geworden, dass sie mir so manches beigebracht hat. Und viel davon ist auch bedeutsam für die Art und Weise, wie man mit Menschen umgehen könnte und sollte. Nicht nur Menschen, sondern auch Tiere können im besten Sinne des Wortes belehren und wichtige Botschaften bereithalten insofern sie auf ein Verhalten pochen, das auch den Menschen guttäte, uns selbst und den anderen. So gilt gleich zu Beginn Elke Heidenreichs Vermutung, die auch manchmal zur Zumutung wird: „Alles an der Katze ist interessant.“[2]

Beeindruckt von der „Katze des Rabbiners“ wächst die Einsicht: „Diese respektlose Katze offenbart ein viel tieferes Verständnis der menschlichen Probleme als die Menschen selbst. Warum ist das so? Haben wir nicht die nötige Distanz, um unsere Taten zu beurteilen? Durch ihre Analyse verworrener Situationen, durch ihren Kampf gegen Intoleranz und die Infragestellung einiger absurder Dogmen, welche in ihrem Monotheismus alles ersticken, lehrt sie uns, das Leben mit Humor und Philosophie zu betrachten.“[3] Und: „Ich brauche ihre Gedanken, um die Realität zu begreifen und um sie lebenswert zu gestalten, aus Katzensicht.“[4] Und die Philosophin Jutta Heinz präzisiert den „Kern der Katzenphilosophie“: „Durch die Katze hindurch sehen wir auf einmal klarer auf das Tier in uns.“[5]

2. Gendergerechter Ausgleich

Besagte Katze heißt bzw. hieß Mauzi, kein besonders kreativer Name für eine Katze, aber das geht ihr sicher am schönfelligen Hinterteil vorbei. Immerhin war Mauzi ein – wenn auch enger – lautmalender Ausdruck für ihre akustischen Äußerungen. Mauzi war in einer anderen Kleinstadt jemandem zugelaufen, die schon einen Kater (oder Hund) besaß. Mauzi hatte versucht, Dominanz auszuüben, und das andere Tier „abgeschellt". Das war dann doch zu weit gegangen, und so vermittelte eine Freundin der Mutter die Katze. Die wollte eigentlich keine mehr, weil der Schmerz beim Tod einer Katze immer so groß ist. Mit einem Foto von Mauzi aber war es dann doch um sie geschehen und sie übernahm sie. Mauzi hätte auch wieder weglaufen können, wie sie es schon einmal getan hatte, aber sie blieb. Was ihr Alter anging, hatten wir keine Ahnung, doch der Tierarzt meinte, am teilweise etwas bräunlichen Fell sei zu erkennen, dass sie doch ziemlich betagt sei.

Unsere Katze war eigentlich ein Kater und wir jonglierten laufend zwischen femininer und maskuliner Bezeichnung und Anrede. Es verdient schon eine eigene Beachtung, wenn hier die Gattungsbezeichnung feminin ist, also die männliche Seite inkludierend, während bei den Menschen im deutschen Sprachgebrauch *der* Mensch für beide Geschlechter herzuhalten hat, dergestalt dass die weibliche Seite darin gar nicht mehr vorkommt. Der Kater ist demgegenüber als *die* Katze bereits ein bedeutsames Kontrastprogramm: schon die erste Botschaft![6] Und weil mir das so gefiel, bleib ich meist beim „sie", wenn ich von ihm sprach. Auf die gleiche Einsicht stieß ich kürzlich: „Männliche Tiere dürfen sich übrigens mitgemeint fühlen."[7]

3. Freiheit

Die göttliche Aura, die Katzen vor allem in der ägyptischen Hochkultur hatten,[8] muss wohl in ihre Gene übergegangen sein, denn ihre Souveränität ist unübertreffbar. Auch Mauzi war absolut dressurresistent, was sich beispielsweise in der Gestaltung der Innen-außen-Bewegungen zeigte: Im Sommer stand immer die untere Balkontür einen entsprechenden Spalt offen, von wo sie dann um den Schacht der Kellertreppe herum ins Freie spazieren konnte. (Etwaige Einbrecher hätten hier nur bei voller Absturzgefahr Balkon und Tür erreichen können.) Im Winter erschien Mauzi einfach am Wohnzimmerfenster und wusste genau, dass sie nie lange würde warten müssen. Geschlossene Türen waren immer eine Beleidigung ihres Freiheits- und darin vor allem ihres Neugierdedrangs. Es galt: Öffnet Tore und Türen, wenigstens einen Spalt breit, den sie dann erweiterte, manchmal auch mit Gewalt. Nie machte sie eine Tür „zu", sie konnte das gar nicht.

Später ließen wir eine Katzenklappe installieren. Das war schon eine echte Herausforderung für Mauzi. Aber auch für uns. Jetzt stand sie vor der Klappe, die zwar durchsichtig, aber scheinbar geschlossen war. Durch ein Fenster oder durch eine Tür musste sie noch nie gehen, ging ja auch nicht. Die wurden ja von uns geöffnet.

Den größten Fehler, den man hätte machen können, wäre gewesen, Mauzi beim Kopf zu fassen und diesen, wenn auch vorsichtig, durch die Klappe zu drücken. Nie mehr hätte sie die Klappe angeschaut. Denn eine Katze ist eine „individualistische Befehlsverweigerin"[9]. Ich musste vielmehr ein paar Tage lang zeigen, dass die Klappe beweglich war, und der erste große Erfolg lag dann darin, dass sie, wenn auch langsam und zögerlich, durch die von mir geöffnete Klappe hindurchkroch. Nach ein paar Tagen – sie war ja alles andere als dumm – drückte sie dann selbst mit ihrem Kopf die Klappe, vorher mit den Pfoten etwas beweglich machend, durch und konnte so nach beiden Seiten hinaus- und hineinschlüpfen.

Und die „Moral" von der Geschicht': Niemals zugriffig zwingen wollen, sondern vielmehr selber vorzeigen, die Möglichkeiten dafür bereitstellen, wie es gehen könnte.

4. Vertrauen

An der Katze kann man das heikle Verhältnis zwischen Nähe und Distanz studieren und dass es keine Vertrauensnähe gibt, wenn nicht Freiheit gegeben ist. Denn bei aller Souveränität und wahrscheinlich gerade wegen dieser gelebten Autonomie bringt die Katze totales Vertrauen auf, wenn sie sich anschmiegt, völlig entspannt, so dass man ihre Pfoten heben und leicht fallenlassen kann; wenn sie in Treue immer wieder kommt, dem Futter vertraut und die körperliche Nähe der Menschen genießt.

Mit überraschender Spontaneität ist immer zu „rechnen". Das geht nach beiden Seiten – es sind Äußerungen des Wohlbefindens, aber auch der Enttäuschung und des Zornes. Wenn man sie ein paar Stunden vernachlässigt hatte, konnte sie, sobald man zur Tür hereinkam, fürchterlich schimpfen, und es konnte schon mal passieren, dass sie einen halben Tag lang beleidigt war und einem nur den Hintern zeigte. Wenn sie einen mit ihrem Bedürfnis nach Zärtlichkeit überfiel, stand die Zeit still. Man konnte nicht aufstehen und sich nur bis zu einem gewissen Grad bewegen.

In dieser Zeitlosigkeit kommt der Mensch mit der Katze zur Ruhe. Von all dem her kann man verstehen: Manche Menschen – oder sind es viele? – können nicht einmal von und mit ihrem jeweiligen Partner so schwärmen wie von und mit ihrer Katze. Da verändert sich schon die ganze Tonlage, wenn die Katze auftaucht: „Ach, meine Gute, da bist du ja“, usw. So möchte man manchmal auch angeredet und selbst begrüßt werden.

5. Neugier

Und wie sie darauf aus war, die Neugierige, meinen Schreibtisch zu erkunden, und sich dann unter der Wärme der Schreibtischlampe selig einzurollen! Wenn sie im Spiel- oder Jagdmodus war, konnte sie auch die Tastatur meines Laptops betrampeln mit hochinteressanten, manchmal katastrophalen, immer aber schwer entzifferbaren (jedenfalls kenne ich diese Geheimsprache noch nicht) Auswirkungen: „Ekwjhrfowehflwkfnklöw“ bei Anne Lemhöfers Katze,[10] bei Mauzi ganz anders: „aprgqqqmvbn83ßy---,0“.

Und was sie partout nicht ausstehen konnte, war, wenn ich mich in Zeitungen, Zeitschriften oder Bücher „hineinkonzentrierte“; dann kam sie prompt und legte sich auf die Seiten. Und holte sich ihre Streicheleinheiten. Warum sie immer wieder eifersüchtig war auf Zeitung, Schriftstück und Buch, wenn ich etwas las, habe ich nicht herausgefunden. Jedenfalls schien es ihr nicht zu passen, dass so ein Buchstabengewirr meine ganze Aufmerksamkeit beanspruchen durfte.

Die „Katze des Rabbiners“ hat dazu eine dezidierte Meinung: „Ich störe ihn nicht, wenn er liest“ – konträr zur menschlichen Sicht in der dazugehörigen Comiczeichnung, wo die Katze so ungeniert auf dem Buch sitzt, dass der Rabbiner bestimmt nicht lesen kann.[11] Schärfer könnten die Sichtweisen von Mensch und Katze gar nicht aufeinanderprallen, mit dem Ergebnis, dass der Mensch das Nachsehen respektive Nach-Lesen hat.

Und stand man auf, besetzte sie mit Wonne den Schreibtischstuhl und ward nicht mehr fortzubewegen. Manchmal war es ja ganz schön, wenn sie den eigenen Platz besetzte und intensiv warmhielt, auf dem Bett sogar durch die Daunendecke hindurch bis auf die Matratze.

6. Körpersprache

Mauzi verabscheute es, alleine Nahrung zu sich nehmen zu müssen. Auch wenn das Schüsselchen voll war, kam sie und machte ihrem Namen alle Ehre, indem sie mauzte. Wo immer ich war, sie holte mich und nahm mich dann mit bis dahin, wo die Nahrung entweder schon bereitet oder erst serviert werden musste.

Eine Katze ist dabei, bei all ihrer Hartnäckigkeit, alles andere als unsensibel. Schon bevor man Futter in ihr Schälchen tut, zeigt sie ihre Dankbarkeit: Sie drückt mit ihrem Kopf zärtlich den Handrücken und bedankt sich im Vorhinein für das, was sie jetzt bekommt. Sie will nicht einfach ihr volles Schälchen haben. Nein, sie will geachtet sein, sie braucht Anerkennung und Respekt. Und am liebsten hat sie es, wenn man ihr dabei am Rücken mit der Hand entlangstreichelt. Im Notfall, wenn niemand im Haus ist, frisst sie schon allein aus der vollen Schüssel, aber nur dann!

Was sie beansprucht, dürften Menschen immer umso mehr beanspruchen, nämlich beim Essen nicht alleine und ohne Beistand gelassen zu werden. Mauzi erinnerte mich an eine der wertvollsten menschlichen Kulturerrungenschaften, nämlich an das gemeinsame Essen. Und auch daran, andere nicht einfach abspeisen zu wollen, im wirklichen wie im übertragenen Sinn des Wortes.

Man ist immer auf die Körpersprache angewiesen. Auch wenn ich mir wünschte, dass die Katze erzählen könnte, wie es ihr geht, hat es doch seinen eigenen Wert, nur auf die Körpersprache angewiesen zu sein. Denn sie hat eine durchaus „komplexe Ganzkörpergrammatik“[12]. Sie lässt man/frau spüren, wenn sie auf Zärtlichkeit aus ist und schmusen will oder wenn sie sich im Jagdmodus befindet. Dann sollte man ihr nicht allzu nahekommen. Und manchmal ist der Übergang zwischen Schmusen und jägerischem Spielen so blitzschnell, dass man schon mal eine mit der Pfote fängt. Aber auch umgekehrt: Eine Katze kann zuweilen, wenn man sie ganz vorsichtig und zärtlich streichelt, am besten unterm Kinn, vom Aggressions- in den Empfangsmodus umschalten.

Diese Lesefähigkeit für die Körpersprache ist etwas unersetzlich Wertvolles für die Fähigkeit, etwas zu erspüren, noch bevor etwas gesagt wurde. Die Unmittelbarkeit der Körpersprache ernst zu nehmen wäre sicher auch eine beachtliche Herausforderung in der zwischenmenschlichen Begegnung. Man kann dann vieles erspüren, was die Rede in bestimmten Situationen verändern würde, ja ganz anders sein ließe, als wenn man nur auf das Gesagte reagierte.

Die Schauspielerin Leslie Malton erzählt in einem Interview von ihrer Schwester, die das Rett-Syndrom hat.[13] „Ich habe mehr von Marion gelernt als sie von mir. Das Beobachten von Körperlichkeit, die Fähigkeit zu deuten, was einen anderen Menschen bewegt. Sie kann ja nicht sagen: Mir tut es hier weh. Es ist ein permanentes Ablesen:

Wie geht es dir, was hast du, wo befindest du dich gerade, was kann ich tun, damit es dir besser geht? ... Marion hat mir ein Alphabet an Körperlichkeit gegeben, das ich lesen kann."

Was hier und in anderen Begegnungsbereichen (mit mehrfachbehinderten Menschen, Menschen im Koma, Menschen mit dem Alzheimersyndrom u. Ä.) erlebt wird, ist immer auch bedeutsam für die alltäglichen, sogenannten normalen Begegnungen und ihre sensiblen Gestaltungen.

Mit solchen Überlegungen komme ich allerdings in ein heikles Fahrwasser. Wenn ein Mensch von einer Katze bzw. mit ihr zu lernen vermag, wie man auf nonverbale Zeichen angemessen reagiert, um für Menschen, deren Kommunikationsmöglichkeiten sehr eingeschränkt sind, ähnliche Sensibilität zu entwickeln (übrigens auch umgekehrt), dann bedeutet dies auf keinen Fall, dass Neugeborene, menschliche Embryos, schwerstbehinderte oder auch im Koma befindliche Menschen mit entsprechenden Tieren und ihren Möglichkeiten bzw. Unmöglichkeiten gleichgestellt werden könnten. Eine nur an den Fähigkeiten der Lebewesen orientierte Gleichheitsphänomenologie ist dialektisch zu konfrontieren mit einem ontologischen Speziesismus, wonach Menschsein, jenseits seiner realisierten oder nichtrealisierten Potenzen, gegenüber den Tieren eine eigene Spezies darstellt. Ein entscheidender Ausdruck dieses ontologischen Unterschieds ist der menschliche Vernunftgebrauch. Die Moralphilosophin Korsgaard[14] vertritt die Ansicht, wie sie Claudia Mäder präzis resümiert: „Anstatt die Tiere an geteilten und vom Menschen perfektionierten Eigenschaften zu messen, misst Korsgaard den Menschen, und zwar an einer Eigenschaft, die er exklusiv besitzt: der

Vernunft. Tiere reagieren mit instinktivem und erlerntem Verhalten auf die Welt, wie sie sich ihnen präsentiert. Der Mensch dagegen kann Situationen und Optionen evaluieren. Er kann Gründe abwägen, die in einer bestimmten Lage für oder gegen eine Handlung sprechen – und sie durchführen oder sich anders entscheiden. Die Rationalität setzt ihn in eine gewisse Distanz zur Welt: Die Welt ist da, unabhängig von ihm, und er kann mit seinem reflektierten, an eigenen Normen ausgerichteten Tun in ihr agieren. Tiere, sagt Korsgaard, hätten keinen vergleichbar objektiven Begriff von der Welt und nähmen alles in ihr ausschließlich in Bezug auf sich selber wahr."[15] Die Selbstwertigkeit des Menschen geht aber im Vernunftgebrauch nicht auf, weil auch Menschen, die ihre Vernunft (noch) nicht (mehr) in solcher exquisiten Form gebrauchen können, *Menschen* sind und nicht etwa den Tieren zugeschlagen werden dürfen, weil sie tierähnlich reagieren.

Diese Dialektik verhindert nicht, dass gegenseitig möglichst viele Möglichkeiten entdeckt werden, wie etwa jene aktuellen Erkenntnisse über die Denk-, Lern- und Beziehungsfähigkeit von Tieren,[16] wie sie neuere DNA- und Verhaltensforschungen belegen.[17]

7. Geheimnis

Wenn ich derart die Katze mit menschlichen Begriffen in ihren Reaktionen beschreibe, werde ich den Menschen genauso wenig gerecht wie der Katze selbst. Wir geben ihr Namen, aber ihren eigentlichen Namen kennt nur sie selbst, wie Thomas S. Eliot sagt.[18] In seiner philosophischen Untersuchung zu den Fledermäusen verneint auch

Thomas Nagel die Möglichkeit, wir könnten verstehen und fühlen, wie eine Fledermaus zu sein.[19] Auch Tiere haben also ein Antlitz mit einem Geheimnis.[20] Alles sind menschliche Projektionen und unsere Katze hat keine Chance, diese Analogieschöpfungen zu korrigieren, sollte sie das alles ganz anders erleben. Das heißt, sie korrigiert vielleicht schon, hat dafür aber eine andere Sprache, eine andere Ausdrucksform, die entsprechend zu dechiffrieren ist, was dann ja wieder nach menschlicher Art geschieht.

Das ist ja unser Dilemma: Nur eine Insel von Kommunikation ist möglich in einem Meer von Nichtkommunikation. Wir können die Tiere nur aus menschlicher Perspektive wahrnehmen und interpretieren, ein unentrinnbarer Vollzug des biblischen Spruches, dass sich der Mensch die Schöpfung aneignet. Er kann alles nur „human" sehen und wahrnehmen. Keine Katze und überhaupt kein Tier kämen jemals auf die Idee, und könnten es auch überhaupt nicht, sich einzubilden, dass ihre Katzenart auch zum Beispiel (und das schon gleich gar nicht!) Hundeart sein könne.

In gewisser Weise ist diese Erfahrung aber auch für die Menschen zu beherzigen. Wie sagt der Volksmund: Man kann in einen Menschen nicht hineinschauen! Und man darf es auch nicht. Denn es ist wichtig, jedem und jeder ihr Geheimnis zu lassen und diesbezüglich nicht übergriffig zu werden. Das war Max Frischs große Klage: dass sich die Menschen immer wieder Bilder voneinander machen und sich dadurch verkleinern![21]

Die Urteile und Projektionen, die wir bezüglich anderer Menschen haben, sind Versuche, sind Hypothesen, können offenbleiben für Veränderungen, dafür, dass alles dann doch ganz anders ist. So wie ich es zulassen muss, dass eine Katze nochmals ganz anders fühlt, als ich es projiziere. Manchmal schaute Mauzi mich ganz erstaunt an, als könne sie nicht glauben, wie dumm ich jetzt reagierte und was für einen Blödsinn ich daherredete über sie und über die Welt.

8. Sollte sie sprechen?

Wenn Mauzi uns so fragend, rätselvoll und neugierig anblickte, hatten wir schon den Wunsch, dass sie reden könnte, dass wir etwas von ihr selbst erführen und nicht dauernd von unseren eigenen Unterstellungen leben müssten. Oft wünschten wir uns, es könnte die Katzenfee kommen und uns wenigstens eine halbe Stunde die Sprache unserer Mauzi übersetzen, damit wir wüssten, wie es ihr ging, was sie von uns dachte, was ihr bei uns gefiel oder nicht. Was sie lieber hätte haben wollen und vieles andere. Aber Projektionen sind auch eine Wirklichkeit, manchmal stärker als die Wirklichkeit. Und in vielen Handlungs- und Reaktionsweisen der Katze finden wir oder bilden wir uns ein, dass unsere Vorstellungen von ihr doch auf vorsichtige Weise auch zu ihrer Identität gehören.

Nun gibt es eine rasante Story, die uns genau diese Sehnsucht nach sprachlichem Verstehen wieder austreiben könnte. Ich denke an die Katze „Tobermory" in der gleichnamigen Novelle des britischen Satirikers Hector Hugh Munro (1870–1916):[22] Es ist ein kalter Augustabend, an dem sich bei Lady Blemley eine Gruppe von Gästen einfindet, darunter der gar nicht recht dazu passende Mr. Cornelius Appin. Er erzählt der erstaunten Gesellschaft, dass er seit 17 Jahren versuche, Tieren die menschliche

Sprache beizubringen, und bei der Katze des Hauses mit Namen Tobermory sei es ihm auch gelungen. Die Katze wird geholt, und tatsächlich, sie kann sprechen, so perfekt, als hätte sie es schon immer gekonnt, und vor allem so beobachtungsstark, wie einfach eine Katze alles von unten nach oben und von oben nach unten wahrnehmen kann. Das Erschreckende ist, sie ist ungemein, oder besser, gemein ehrlich. Auf die Frage, was sie denn von der Intelligenz der Menschen halte, fragt sie, wer denn gemeint sei. Jedenfalls bescheinigt sie Mrs. Mavis, dass sie die hirnloseste Frau sei, die sie kenne. Und der Gastgeberin wird bescheinigt, dass man eigentlich nur komme, weil sie wenigstens noch so klug sei, einen guten Koch zu haben, ansonsten sei hier alles „dull“, nämlich dumm und einfallslos. Die kleine Gesellschaft wird immer verschreckter, bis schließlich Mrs. Cornett sagt, man solle doch die Katze nach draußen bringen. Die Liebe zur Katze ändert sich schnell hin zu dem Bestreben, sie umzubringen. Doch sie kann entschwinden. Am Ende wird noch so nebenbei erzählt, dass im Zoo von Dresden ein Elefant einen Engländer umgebracht hat, als dieser dem armen Tier die deutschen unregelmäßigen Verben beizubringen versuchte.

Bei allem Humor – die Novelle ist pickelhart und legt nahe, die Sprachgrenzen lieber aufrechtzuerhalten. Denn eine Katze weiß mehr über uns, als uns lieb ist. Und besser, sie behält es für sich. Denn sie durchbricht ungeniert die Konventionen höflicher Unehrlichkeit. Es ist gut, wenn die Menschen darauf verzichten, dass die Tiere die Menschensprache lernen. Dies ist ein zu gewalttätiger Zugriff auf ihre eigenwertige Identität. Biblisch gesehen kann nur *Gott* selbst dem Esel des Bileam den Mund öffnen und die Zunge lösen, um reden zu können (vgl. Num 22,24). Der

Mensch konnte nur vor dem Sündenfall das Gespräch mit der Schlange führen.[23] Ich denke, es ist nicht abwegig, dies eschatologisch weiterzudenken: Erst im Himmel, erst in der neuen Welt wird Gott es sein, der den Tieren die Sprache gibt, die die Menschen dann verstehen können: ohne Zugriffigkeit, ohne Lernanstrengung und ohne Angst vor deren Ehrlichkeit, denn es ist schon alles offenbar geworden.

9. Tod der Mutter

Als die Mutter des Hauses gestorben war, war die erste Bezugsperson der Katze gestorben. In der ersten Zeit schien es so, als würde Mauzi noch auf sie warten, sie ging noch etliche Male dorthin, wo sie früher ihre Plätze hatte, vor allem im Bett der Mutter, aber diese kam nie wieder zur Tür herein. Es dauerte jedoch nur wenige Wochen, bis sie ganz im ersten Stock ihre Heimat gefunden hatte und ich den Eindruck gewann, dass sie mich als – sicher nicht ausreichenden, aber doch einigermaßen erträglichen – Ersatz für die jahrelang so Geliebte annahm.

Die Mutter hatte in einer phantastischen Beziehung mit ihrer Katze gelebt. In vielen Jahren waren sie im gegenseitigen Vertrauen zueinander gewachsen und wir übernahmen die Verantwortung, für die Katze zu sorgen, schon allein aus Dankbarkeit dafür, dass sie derart das Leben der Mutter bereichert hatte. Überhaupt konnten wir viel davon lernen, wie die Mutter mit der Schönheit der Schöpfung, mit den Vögeln und den Pflanzen und den Blumen im Garten oder im Haus umgegangen war und wie sie sich daran freuen konnte. Eine tiefe Achtung vor der Schöpfung kam hier zum Ausdruck.

Was war dies, der letzte Winter, für eine wunderbare Zeit mit Mauzi! Wie immer souverän, kam sie, wann sie wollte, bekam ihr Futter und trabte dann die Treppe hoch, um zuerst verschiedene Orte auszuprobieren, manches Fenster, um ihr Revier zu überblicken, und am Ende kam sie auf meinen Schreibtisch und rollte sich unter der wärmenden Schreibtischlampe ein. Später am Tag, wenn ich im Fernsehsessel saß, mit den Füßen auf dem gepolsterten Fußhocker, rollte sie sich entweder zwischen den Füßen ein – manchmal durfte ich sie gar mit den Sohlen streicheln – oder sie kletterte höher, machte sich auf meinem Bauch breit und glotzte mit mir in die Fernsehröhre. Oft hatte ich den Eindruck, dass sie auf manches reagierte, vor allem, wenn Tierfilme liefen. Nicht oft, aber zuweilen, rückte sie sogar noch höher, schmiegte ihr Köpfchen an mein Kinn und an meine Wange und genoss diese Nähe offensichtlich außerordentlich, wie ich selbst natürlich auch. Als ich das einmal den Geschwistern des Hauses erzählte, kam jemand darauf, da es sich ja bei unserer Katze um einen Kater handelte, diesbezüglich von einer schwulen Liebe zu sprechen. Das war überhaupt nicht despektierlich gemeint, sondern anerkennend, und auch für mich war dies ein bislang nicht vernommenes Kompliment.

Wenn sie dann auf der Fußablage zwischen meinen Füßen eingeschlafen war, stand sie nach geraumer Zeit plötzlich auf und setzte sich mitten ins Zimmer, so dass ich sie gut sehen konnte, und schaute mich unentwegt an. Sie hatte offensichtlich Hunger und ich sollte mit ihr hinuntergehen, um ihr frisches Futter zu geben. Das alte, etwas angetrocknete, aber aus meiner Perspektive durchaus genießbare mochte sie nicht mehr, vor allem nicht alleine fressen. Wollte ich den Film erst noch zu Ende sehen, sagte ich ihr das, und sie schien es zu verstehen, denn sie wartete geduldig. Ganz anders, wenn ich ihr das nicht erklärte! Dann wurde sie ungeduldig und fing auch das Schreien an. Es war fast so, als würde sie dasitzen und sagen: „Red mit mir!“ Auch unter Menschen kein ungewöhnliches Phänomen, um Kommunikation zu provozieren.

Manchmal, wenn sie spät von ihrem Nachtritt nach Hause kam, wusste sie offensichtlich, dass ich schon im Bett lag. Dann schlabberte sie eigenständig, ohne nach einer Begleitung zu rufen, ihre Futterschale leer und tappte nach oben ins Schlafzimmer, sprang auf das Fußende des Bettes und robbte sich auf der Zudecke bis zum Kopfende hoch, wo sie dann tatsächlich meinen Kopf fand. Ein paar Schmuse- und Streicheleinheiten, dann trollte sie sich wieder etwas nach unten und schlief in meiner Kniekehle ein. Am Morgen, wenn ich aufwachte, war sie längst verschwunden, ohne mich gestört zu haben.

Es war ein wunderbares Konkubinat, völlig stressfrei und auf großer gegenseitiger Freiheit gebaut. Sie war ja keine Hauskatze. Und so nahm sie sich die Freiheit, immer wieder zu verschwinden, stundenlang, um dann durch eine offene Tür oder durch die Klappe hindurch wieder aufzutauchen, dann erst einmal zur Futterschale zu wackeln und dann, wenn sie wollte, Kontakt aufzunehmen. In diesem Wiederkommen ist sie uns bis zum Schluss treu geblieben. Ja, hinsichtlich der Freiheit hat sie uns einiges beigebracht. Von vorneherein mussten wir darauf verzichten, sie irgendwie – und wenn es auch aus Liebe oder Anhänglichkeit war – zu etwas nötigen zu wollen. Sie suchte sich ihre Freunde und ihre Stunden selber aus. Übrigens auch wenn Besuch kam: Von den einen ließ sie sich streicheln, von anderen absolut nicht. In der Zuneigung zur

Katze ließ sie keine Wenn-dann-Struktur zu. Erzwingen konnte man gar nichts.

10. Anfang vom Ende

Im Frühjahr fiel uns auf, dass unsere Katze ausgiebig und immer ausgiebiger Wasser und auch Milch wollte, die sie bisher eher gemieden hatte. Wir gingen mit ihr zum Tierarzt. Das war ohnehin immer eine Qual. Sie hasste das Autofahren, manchmal übergab sie sich, sie jammerte vor Missvergnügen bzw. auch vor Angst, wovor auch immer. Und das, obwohl wir beruhigend auf sie einsprachen und es höchstens drei Kilometer waren. Wir fuhren ohnehin zu zweit, ganz vorsichtig in den Kurven und auf dem Beifahrersitz auf dem Schoß getragen, um die Stöße auf den Katzenkäfig abzupolstern.

Dick oder gar fett war unser Kätzchen nie, aber auch nicht mager, eher in einer properen Weise schlank. Aber nun schien es etwas, nicht viel, an Gewicht verloren zu haben. Beim Doktor waren es dann etwas mehr als 100 Gramm. Bislang war es beim Tierarzt immer das Übliche: Spritzen gegen Zecken und Bandwürmer, Ausputzen der Ohren wegen der Milben, was immer ziemlich schwierig ist, wegen der verwinkelten Ohrgänge. Und das war es meistens schon, wenn nicht irgendwelche Wunden dazukamen, die sie sich im Streit mit Reviereindringlingen zugezogen hatte.

Aber dieses Mal war es anders. Blutabnahme und danach die traurige Botschaft: Die Nieren sind am Ende, die Selbstvergiftung hat bereits begonnen. Wie lange es noch dauert? Zwischen ein paar Wochen und einem halben Jahr? Jetzt regelmäßig Spritzen gegen Schmerzen und Entzündungen und vor allem: jeden Tag Infusionen mit Kochsalzlösung, quasi als Dialyse, um das Gift aus dem Körper zu schwemmen. Wir wollten es der Katze möglichst wenig zumuten, diese Tortur des Autofahrens ertragen zu müssen. So bekam ich vom Arzt die entsprechenden Spritzen und Flaschen, um die Behandlung durchzuführen. Jeder subkutane Stich ging mir selber schier unter die Haut. Doch schien sie es zu akzeptieren, sie wischte nicht davon, sondern hielt stille. Irgendwie spürte sie offensichtlich, dass sie sich nicht wehren musste.

Das half und das ging so einige Zeit. Solange sie fresse, hatte der Arzt gesagt, könne man damit weitermachen. Aber dann, eines Abends, drehte sie sich vom Futter weg. Am nächsten Morgen fand ich sie nicht mehr im Haus. Und auch außerhalb war sie nicht an den Orten, wo sie sich gewöhnlich aufhielt. Dann hörten wir sie schreien oder besser: jammern. Ich suchte und fand sie schließlich im hintersten Winkel der Eckbank im Wohnzimmer. Vorsichtig holte ich sie hervor und legte sie auf die gepolsterte Eckbank. Sie atmete schwer und jammerte dazwischen in einer herzergreifenden Weise. Ich gab ihr noch eine Schmerzspritze, sie sollte in der letzten Phase nicht leiden müssen.

Das Mäulchen war geöffnet und die Zunge hing seitlich heraus. Sie konnte die Augen nicht mehr schließen, sie waren groß und rund und fast gänzlich schwarz. Sie lag da auf der Seite, die Hinter- und Vorderläufe je parallel vom Körper weggestreckt, den Kopf seitlich aufliegend. Vorsichtig streichelten wir sie abwechselnd und schützten sie mit einem dachmäßig angelegten Tuch vor allzu großem Lichteinfall. Und dann war plötzlich alles still. Alles Leben war aus ihr gewichen.

Ich hatte schon vorher den Tierarzt angerufen, er möge doch kommen, um sie, damit es nicht zu lange dauerte, mit einer Spritze einzuschläfern. Genau jetzt kam er, fühlte ihr Herz und stellte fest, dass es noch schlug. Wir hatten gedacht, dass sie schon gestorben sei. Das war sie eigentlich auch, aber es war nun doch besser, dass ihr der Arzt die letzte Spritze gab, um jedenfalls zu verhindern, dass sie, obwohl leblos, vielleicht doch noch etwas Schmerzhaftes spürte.

11. Trauer

Warum ich das alles so beschreibe? Die Sterbebegleitung unserer Katze, ihr Sterben und ihren Tod? Warum soll diese Katze so viel Aufmerksamkeit bekommen, wo doch Milliarden von Katzen auf dieser Welt täglich sang- und klanglos verenden? In den nicht wenigen Sterbebegleitungen und auch im Mitsein mit sterbenden Menschen habe ich – und das mag eine eigenartige, manchen auch zur Entrüstung führende Einschätzung sein – Ähnliches erlebt. Die Atemnot, das Stöhnen, die verbale Stummheit, das Tier stirbt ähnlich wie der Mensch und umgekehrt. Der Tod ist hier der große „Gleichmacher“, alle Kreatur stirbt ähnlich. Und sage keiner, das Sterben sei aus solchen Erfahrungen heraus ein natürlicher Akt. Natürlich ist hier gar nichts. Denn die Kreatur will leben, sie will nicht sterben. Dieses Sterben-Müssen ist ein gewalttätiger Akt, der in die Natur des Leben-Wollens einbricht und sie zerbricht. Die Menschen können nur deswegen so wenig achtend über den Tod der Tiere sprechen, weil sie nicht genau hinschauen (müssen) und weil Tiere halt Tiere sind.

Und die gleiche Hilflosigkeit und Ohnmacht gibt es auf Seiten derer, die dabeibleiben und nicht flüchten. Ich weiß, es ist nur eine Katze, es ist nur ein Tier. Aber was kann ich dafür, dass es mich schmerzt, sie nicht mehr zu sehen? Ist dies übertrieben und hysterisch? Oder aber ist dies ein erlebnistiefes Zeichen dafür, dass Tiere diesen Schmerz ebenfalls – selbstverständlich nochmals anders als bei Menschen – wert sind?

Es ist wirklich erstaunlich, wie ein Tier in das Herz eines Menschen einzudringen vermag. Andere, etwas weiter Außenstehende, die solche direkten Erfahrungen weniger haben, mögen sagen: Was hat er denn, so viel Aufhebens wegen eines Tieres zu machen!? Ist es nicht etwas übertrieben? Aber ich kann mir nicht helfen, solche Reden trösten nicht. Es ist nun einmal so, dass ich sehr traurig bin. Dass ich unserer Katze nachtrauere. Sie fehlt mir, sie fehlt mir auch körperlich, nicht nur dass ich sie nicht mehr sehe, dass sie nicht unerwartet oder erwartet irgendwo auftaucht, sondern dass ich sie nicht mehr berühren kann, dass sie nicht mehr kommt, um zu schmusen. Es war einfach zu selbstverständlich, dass sie da war und dass sie auch dann nicht aus dem Erwartungshorizont fiel, wenn sie nicht da war. Freunde und Freundinnen konnten dies nachfühlen. Der eine schrieb: „Ach, wenn … uns diese kleinen Wesen verlassen, die uns so viel besser zu verstehen scheinen als wir sie, … geht immer auch ein Stück von uns mit ihnen … voraus.“ Die andere schrieb: „Ich bin auch sehr traurig darüber, weil sie doch ein Stück ihres Weges mit Ihnen gegangen ist. Ich glaube, mit dem Tod der Mutter war auch ihr Lebensweg zu Ende … Aber die Freude, die Lebendigkeit, die Anschmiegsamkeit/Wachsamkeit und ihre Aktionen als Kater Mauzi werden im Hause in Erinnerung bleiben." Und wieder eine andere: „Das tut mir für dich sehr leid. Eure Katze kannte ich zwar nicht persönlich, aber ich weiß, was es bedeutet, einen so treuen Begleiter durch all die Jahre plötzlich hergeben zu müssen. Noch dazu war sie bei euch die Verbindung zu eurer lieben Mutter. Als tröstlich kann ich mir vorstellen, dass ihr alle gemeinsam im Garten von ihr Abschied genommen habt."

Mit unserer Trauer befanden wir uns also in einer guten Gesellschaft. Denn bereits arabische Dichter haben (etwa seit dem 10. Jahrhundert) Trauergedichte auf Katzen verfasst.[24] Ja, ein katzenliebender Türke aus dem 16. Jahrhundert schreibt in seinem Trauerlied zum Tod seines Katers sogar:

> Er war mir ein Geliebter, nicht ein Kätzchen bloß –
> ich legt' ihn jede Nacht mir als Liebchen in den
> Schoß …[25]

Nein, ich brauche mich mit diesem Schmerz nicht zu verstecken! Berührend erzählt auch der Religionswissenschaftler Carsten Colpe (1929–2009) vom Tod seines Katers Peterle und stellt sich dabei selbst die Frage, ob er denn so heftig trauern dürfe. Um ein Tier? Aber: „Alle solche Überlegungen helfen mir nicht das mindeste, meinen Schmerz auf ein höheres Geschöpf zu übertragen. Es tut mir einfach körperlich weh, furchtbar weh, dass niemals mehr durch den offengelassenen Türspalt zu meinem Arbeitszimmer mein Peterle sich drängen wird …"[26]

Über ein ähnliches Mitleiden mit einem leidenden und sterbenden Tier erzählt Dorothea Sattler.[27] Sattler erinnert auch an den Tübinger Alttestamentler Fridolin Stier, der seine Aufzeichnungen über sein Leben mit Gedanken an die sterbende Muzi beginnt. Als seine Katze im Sterben liegt, drängt es ihn zu einer klagenden Beziehung mit dem Schöpfer: „Ich sah es, sahst DU es auch? Hast DU es je gesehen – das Elend Deiner Kreaturen? Als Schöpfer lässt DU dich glauben und besingen: Laudate dominum omnes bestiae, DU! Wär' ich der Schöpfer, ich rechnete es mir zur Schmach. Incipit lamentatio: Oder bist DU selbst ein ohnmächtiger, selbst in deinen Geschöpfen ein Leidender, ihr Elend in deinem Herzen – hast DU ein Herz, hast DU Augen, Ohren? Erbarmender – dass ich nicht lache! Bist Du in Not? … Ist dir etwas schiefgeraten? Still! Hörst DU die Sterbenden klagen? Ach, mein Herr und mein Gott! Im Leiden und Sterben meiner Katze begegne ich dir. … Sie stirbt."[28]

12. Abschied

Mauzi starb an einem Sonntag in den frühen Morgenstunden. Am Nachmittag kamen dann die Geschwister. So konnten wir gemeinsam von ihr Abschied nehmen und sie im Gartenstück vor dem Haus beerdigen. Irgendwie scheute ich mich davor, sie mit der nackten Erde zu bedecken. Ich dachte daran, dass viele Kulturen und Religionen ihre Verstorbenen in Leinen gewickelt und als solche in die Erde getan haben. So schob ich sie, die Totenstarre hatte bereits eingesetzt, fast wie ein Brett in ein leinenes weißes Bettkopfkissen. Dann trug ich sie hinaus und legte sie in die kleine Grube. Wir standen herum und ich sagte dem Schöpfer Dank für dieses Geschöpf, dass er die Katze uns hatte zukommen lassen, dass sie das Leben der verstorbenen Mutter so bereichert hatte, mit so viel Vertrauen und Gesprächsstoff über ihre fast endlose Kreativität, was sie denn wieder Überraschendes getan und wie sie sich verhalten hatte. Und wir dankten der Katze selbst für ihr Wesen, für ihr Vertrauen, für ihre Treue, für ihre Empathie, wenn es der Mutter nicht gut ging. Es wurde ein beeindruckender Reigen des Dankes und der Trauer und ich habe dem Bekenntnis Ausdruck verliehen, fast heftig und trotzig, dass es auch eine Auferstehung der Tiere gibt. Konnte man sich für die Mutter einen Himmel ohne ihre Mauzi vorstellen? Nun war es ja dann so weit. Was für eine Freude musste dieses Wiedersehen für die beiden sein! – Wir schütteten die Erde auf und stellten eine Schale mit roten Blumen auf den kleinen Hügel.

An diesem Sonntag haben wir am intensivsten erfahren: Es ist gut, in dieser Weise mit Tieren umzugehen, weil sie in der Beziehung zu den Menschen Sozialpartnerinnen geworden sind. So macht sich ein Freund immer noch gewissensschwere Gedanken darüber, dass er sich dazu entschlossen hatte, seine Katze, die einen Tumor hatte und schon abgemagert war, einzuschläfern. Hätte er das nicht tun sollen? Aber er wollte der Katze schlimme Schmerzen ersparen und hatte damit einen wirklich guten Grund! Ist das ein Verstoß gegen die Bewahrung der Schöpfung? Er schreibt: „Man besitzt keine Katze. Die Katze ist zu einem Zusammenleben mit dir bereit, lässt sich auf den Menschen ein, und wenn man auch einen Draht zu der Katze findet, gibt sie für ihren Zufütterer fast alles, also, was sie als Liebe bereit ist zu geben." Und: „Wir haben ihn bei seinem Sterbeprozess begleitet und sein letzter Atemzug war wie ein Loslassen, ein Seufzer, so wie ich bin jetzt mal weg."[29] Umso mehr bricht dann die Frage auf: Gibt es ein Wiedersehen? Aber: Bei den Taten, „die Katzen ihr Leben lang veranstalten, kommen sie sicherlich in die Hölle".

Und dann die sorgenvolle Hoffnung: „Wiegt die Zuneigung und Liebe, die die Katzen selber geben können, das wieder auf? (Du siehst auch hier wieder eine Vermenschlichung der Katzen in Bezug auf Liebe).“[30] Und er stellt die interessante Frage: „Reicht mein Zeugnis für die Liebe meiner Katzen aus, um wieder beisammen zu sein?“[31]

Damit bin ich am Ende meiner Danksagung an Mauzi. Nun zur Erweiterung meiner Erfahrungen zu einem etwas objektiveren Blick in die entsprechenden Voreingenommenheiten in Geschichte und Literatur hinein.

3. Historische Streiflichter

1. Vergöttlichung im alten Ägypten

Im alten Ägypten bewunderte man die Kraft der Tiere und ihre geheimnisvolle Klugheit. Sie schienen nicht nur genauso wichtig zu sein wie die Menschen, sondern hatten zuweilen auch die Aura, ihnen geistig überlegen zu sein.[1] Diese Tiererfahrung war die Basis dafür, sie im religiösen Bereich heiligzuhalten, vor allem galt dies für Stiere, Krokodile, Nilpferde und Affen, Hunde, Vögel und selbstverständlich auch für Katzen. Weil die Tiere und eben auch die Katzen eine besondere Aura mit besonderen Fähigkeiten, Eigenschaften und Geheimnissen erfahren ließen, konnten sie als etwas Göttliches, als etwas ganz Anderes aufgefasst und verehrt werden. Von daher wird verständlich, dass sich auch Götterstatuen in der Form von Tierdarstellungen zeigen, im Mischgott Horus etwa, der als Mensch mit einem Falkenkopf dargestellt wird. Götter haben also beides, die Qualität des Menschen genauso wie die Qualität des Tieres.

Die Tierfamilie der Katzen spielt vom Löwen bis zur Katze eine beträchtliche Rolle „in der ägyptischen Repräsentation des Göttlichen“[2]. Damit repräsentiert sie auf der einen Seite das Bedrohlich-Machtvolle und auf der anderen Seite das dadurch Schützende sowie Vertraut-Solidarische des Göttlichen. Die hybriden Mensch-Tier-Darstellungen der Götter und Göttinnen deuten „auf eine nicht darstellbare, nicht abbildbare Macht, deren ‚wahre Gestalt‘ verborgen ist“[3]. Man kann also nicht unbedingt

Qualitäten eines Tieres mit einer eindeutigen Bedeutung der Gottheit in eins setzen.[4]

Es gab zwar heilige Katzen im Tempelraum und Katzenpriester, aber die Katzen gehörten wesentlich als Basiserfahrung zum Volk und zur Volksfrömmigkeit: ursprünglich willkommen geheißen, weil sie die Mäuse und Ratten dezimierten, die immer eine elementare Gefahr waren, denn sie vernichteten die für das Überleben in trockenen Zeiten nötigen Getreidelager. Auch bekämpften sie die gefährlichen Skorpione, und auch gegen Giftschlangen waren sie erfolgreich.

So galt es als schweres Verbrechen, Katzen zu töten. Beim Brand eines Hauses wurde die Katze, so erzählt man, sogar vor den eigenen Kindern gerettet. Und wenn eine Katze starb, so gab es in der ganzen Familie eine große Trauer. Verstorbene Katzen wurden wie ein Familienmitglied betrauert und bestattet. Denn immerhin nahm sie im Haus die Stellung einer Hausgöttin ein. In den ägyptischen Grabkammern finden sich auch mumifizierte Katzen. Die Tiermumien gelten als Grabbeigaben: Sie gehören zum Toten genauso wie die anderen Grabbeigaben, sie sind der erweiterte Leib des Toten und begleiten ihn ins Totenreich. Die Menschen wollten auch nach dem Tod nicht auf ihre geliebten Haustiere verzichten.

Die ägyptische Göttin Bastet in Bubastis wurde als Katze abgebildet. Im Bastet-Tempel hatten Priester die Lizenz, die Katzen rituell zu töten, sie also zu opfern. Ihrer Verehrung tat dies allerdings keinen Abbruch, im Gegenteil.[5] Bastet ist die Göttin der Fruchtbarkeit und der Liebe, also der Konnektivität schlechthin: „Konnektivität ist etwas anderes als Kollektivität. Kollektivität wäre die Unterordnung des Individuums unter das Kollektiv. …

Konnektivität dagegen wirkt von unten nach oben; sie ist eine Sache konnektiver Tugenden, die das Individuum befähigen, sich in kleinere und größere Konstellationen und Kreise, von der Familie bis hinauf zum Königsdienst, einzubinden. In dieser Freiheit zur Konnektivität erblickt der Ägypter das Geheimnis des Lebens. Leben heißt: Bindungen eingehen und aufrechterhalten. Tod ist Auflösung, Vereinzelung, Vereinsamung."[6] Die Katze ist zudem eine Erscheinungsform des Sonnengotts Re, vor allem in der Funktion, den Sonnengott zu schützen, etwa dadurch, dass sie der Apophisschlange, der Verkörperung des bösen Feindes, der jede Konnektivität zerstört, den Kopf abbeißt.

Die Katze gehört also beiden an, den Festen des Volkes, dann aber auch, jedenfalls lokal, den offiziellen Festen am Tempel. Im alten Ägypten kann man das Privatfest vom öffentlichen Fest unterscheiden, das in öffentlichen Ritualen „kollektiv" stattfindet und staatserhaltende Funktionen hat. Wenn die Herrscherrituale nicht gefeiert werden, bricht das Chaos herein. Das vitale Alltagsfest hat dagegen eine ereignis- und basisbezogene Eigenständigkeit, indem es sich auch von der Götterarbeit, das Chaos zu verhindern und die Zukunft zu sichern, emanzipiert. Jan Assmann hat in seinem Aufsatz „Der schöne Tag" dieses konnektive Fest im Volk als eine Zeit beschrieben, in der die Menschen ihr Herz erfreuen, ihrem Herzen folgen und die Zeit des dem Herzen Folgens nicht vermindern.[7] Hier lebt die *lebendige* Katze.

In dieser Art ähnelt die Katze dem ägyptischen Oasenmann,[8] der in die bestehende herrschende Ordnung einbricht, von außen und von unten, und unmittelbar Gehör verlangt, Aufmerksamkeit und Öffnung für das, was ihn bewegt. Der Oasenmann, Repräsentant also nicht nur der sozialen Unterschicht, sondern auch noch der geografischen und kulturellen Peripherie des ägyptischen Reiches, ist auf der Reise in die Stadt seiner bescheidenen Habe durch Wegzoll beraubt worden und wendet sich an den zuständigen Oberhofmeister Renzi, dem die Rechtspflege in diesem Gebiet obliegt. Vor ihm klagt er (und dies ist der Beginn der Klage in der orientalischen Weisheitsliteratur) das Recht seiner Existenz und seiner Unversehrtheit ein und klagt ihn an, sollte er gegen das Unrecht nicht einschreiten. Er weiß allerdings nicht, dass der Oberhofmeister vom König den Befehl bekommen hat, „den beredten Oasenmann möglichst lange hinzuhalten, um ihm auf diese Weise noch weitere Reden von so wunderbarer Schönheit zu entlocken." Beides also bringt der Oasenmann: die Bitte um Gehör und um Aufmerksamkeit auf der einen und eben darin die ästhetische Qualität, die in dieser Beziehung mit ihm erfahrbar ist, auf der anderen Seite. Denn was hier erlebt werden kann, ist einmalig in seiner wunderbaren Schönheit.

Analoges kann man durchaus für die Begegnung mit einer Katze denken. Denn was Assmann (bezogen auf den Weisheitsbegriff im frühen Ägypten) als „konnektive Weisheit" bezeichnet hat, nämlich nicht kollektiv von oben nach unten, sondern von unten nach oben, das ist die Weisheit, das eigene Leben mit dem Leben anderer in Verbindung zu sehen und diese Verbindung in gegenseitiger Freiheit und Solidarität zu gestalten. Diese Weisheit ist eindrucksvoll und manchmal erschreckend, weil sie Einstellungen entlarvt, die mit dieser Weisheit nichts zu tun haben.

Kurzum: „Im alten Ägypten wurden die Katzen für Götter gehalten. – Sie selbst haben das nie vergessen."[9]

Oder mit den Worten von Christopher Hitchens: „Besitzer von Hunden werden bemerkt haben, dass, wenn sie ihnen Nahrung und Wasser und Unterkunft und Zuneigung bieten, diese denken, dass sie Gott sind. Während die Besitzer von Katzen gezwungen sind zu erkennen, dass, wenn sie ihnen Nahrung und Wasser und Schutz und Zuneigung bieten, die Katzen den Schluss ziehen, dass *sie* Götter sind."[10]

2. Im biblischen Kontext

2.1 Kein gutes Image

Bibel und Katze sind sich gar nicht grün. So kommt die Katze auch in Silvia Schroers an sich umfassendem Werk über die Tiere in der Bibel nicht vor.[11] „So findet sich kein Begriff für ‚Katze', was erstaunt, wenn man sich die hohe Bedeutung von Katzen in der (volkstümlichen) Religion (Katzen als Symboltier von Göttinnen ... katzengestaltige Dämonen) und im Leben (Bekämpfung von Nagetieren ...) Ägyptens vor Augen führt."[12] Möglicherweise kann dieses Defizit jedenfalls teilweise oder hintergründig als Gegenabhängigkeit zur Bedeutung der Katze im alten Ägypten und zu entsprechenden Götzenverehrungen angesehen werden. Denn wenn sie in der Bibel vorkommt, dann im ziemlich abwertenden Kontext. In Jesaja 34,8–9 und 14, am Tag der Rache über die Edomiten, begegnet sie in den Schreckensbildern: „In Edoms Bächen wird das Wasser zu Pech, sein Boden verwandelt sich in Schwefel, ... Wildkatzen und Hyänen treffen sich hier, die Bocksgeister begegnen einander."[13] Und in Leviticus 11,27 werden alle Vierfüßler, die auf Pfoten gehen, als unrein erklärt: „Jeder, der ihr Aas berührt, wird unrein bis zum Abend, und wer ihr Aas trägt, muss seine Kleider waschen und ist unrein bis zum Abend. Ihr sollt sie für unrein halten." Positiv ist dabei, dass unreine Tiere nicht geschlachtet und gegessen werden dürfen (vgl. Vers 47). Offensichtlich darf man sie lebend berühren, ohne unrein zu werden, nur ihr Aas ist unrein.

Die Katzen gehören also hauptsächlich den Bereichen an, die als Gefahr erfahren werden: der Gegenwelt feindlicher Tiere,[14] den feindlichen Landschaften der Steppe, der Wüste, der Sümpfe und der feindlichen Zeit der Nacht. Die Tiere, die sich darin tummeln, sind gefährlich. Sei es unmittelbar als Tiere oder aber in der Fantasie, dass sie Dämonen verkörpern.[15]

Außerhalb der hebräischen Bibel begegnet die Katze im Buch Baruch 6,19–22. Auch hier innerhalb eines Schreckensbildes gegen die Nichtigkeit der Götzenbilder. Es geht diesen Götterbildern nicht anders als den Balken im Tempel: „Ihr Innerstes wird wie man sagt zerfressen. Auf ihrem Körper und auf ihrem Kopf lassen sich Fledermäuse, Schwalben und andere Vögel nieder, ebenso auch Katzen. Daran erkennt ihr, dass sie keine Götter sind. Fürchtet sie also nicht!"[16] Auch hier zeigen sich jahrhundertealte Gegenreaktionen auf die Verehrung der Katzen in den feindlichen religiösen Umgebungen.

Von daher kann man das Ergänzungsbedürfnis gegenüber den heiligen Schriften schon verstehen, wenn es Erfindungen dagegen gibt, die dann apokryphen Status erhalten, wie etwa die durchaus ansprechende Persiflage auf eine Jesuserzählung. Man muss den merkwürdig gnostischen Hintergrund dieses Textes im „Evangelium des vollkommenen Lebens" nicht gutheißen, sondern kann diesen Text ohne solchen Ballast interessant finden, insofern hier eine bestimmte Beziehung zwischen Mensch und Tier in das Christusverhalten hineinprojiziert und von daher begründet wird und Autorität gewinnt:[17]

„Jesus kam in ein Dorf und sah dort eine kleine Katze, die herrenlos war, und sie litt Hunger und schrie zu Ihm. Und Er nahm sie hoch, hüllte sie in Sein Gewand und ließ sie an Seiner Brust ruhen. Und als Er durch das Dorf ging, gab Er der Katze zu essen und zu trinken. Und sie aß und trank und zeigte Ihm ihren Dank. Und Er gab sie einer Seiner Jüngerinnen, einer Witwe mit Namen Lorenza, und sie sorgte für sie. Und einige aus dem Volke sagten: ‚Dieser Mann sorgt für alle Tiere. Sind sie Seine Brüder und Schwestern, dass Er sie so liebt?' Und Er sprach zu ihnen: ‚Wahrlich, diese sind eure Mitbrüder aus der großen Familie Gottes, eure Brüder und Schwestern, welche denselben Atem des Lebens von dem Ewigen haben. Und wer immer für einen der Kleinsten von ihnen sorgt und ihm Speise und Trank gibt in seiner Not, der tut dieses Mir, und wer es willentlich duldet, dass eines von ihnen Mangel leidet, und es nicht schützt, wenn es misshandelt wird, lässt dieses Übel zu, als sei es Mir zugefügt. Denn ebenso wie ihr in diesem Leben getan habt, so wird euch im kommenden Leben getan werden.'"[18]

2.2 Mitgehangen und mitgesegnet

Wenn es allerdings nicht um Katzen, sondern um Tiere allgemein in der Bibel geht,[19] dann sind Letztere darin allgegenwärtig. Und zwar als Mitgeschöpfe, als Vorbilder und als Gottesbilder.[20] Zunächst ist die unten geschilderte Sicht aus dem Fernen Osten gar nicht so weit weg von dem Weltgefühl des antiken und auch es alttestamentlichen Menschen: „Der antike, und das heißt auch der alttestamentliche Mensch ältester erkennbarer Zeit empfand Tier und Mensch noch als Wesen zusammengehörig und von einem geheimnisvoll magischen Umschluss des Lebens umfangen … dieser Mensch war erfüllt von dem Urbewusstsein eines geheimnisvollen Zusammenhanges aller beseelten Kreaturen."[21] Der entscheidende Unterschied zwischen Mensch und Tier im alten Israel liegt in der Freiheit des Menschen, der nicht nur ja zu gegebenen Lebensverhältnissen, sondern dazu auch nein sagen kann. In dieser Freiheit verlieren er und die an sich „unschuldige" Tierwelt das Paradies.[22] Allerdings wird die Tierwelt nach dem Sündenfall zwangsweise mit den Menschen auch selbst „böse" im gegenseitigen Überlebenskampf und zum Feind des Menschen.[23]

Die Mitgeschöpflichkeit der Tiere mit den Menschen bildet allerdings eine stärkere Dimension als ihre Differenz.[24] Auch der Sabbat gilt für die Tiere (vgl. Dtn 5,14). Und Gott rettet beide, Mensch und Tiere, ständig (vgl. Ps 36,7). Gott zeigt sich fürsorglich für Löwe und Rabe, Steinbock und Hirschkuh, Wildesel und Wildstier, Straußenhenne und Pferd, Falke und Geier. Gott schenkt ihnen ihre je eigenen Verhaltensweisen, von denen der Mensch nichts weiß, die für ihn ein Geheimnis bleiben (vgl. Ijob 38,39–39,30).[25] Und die Arche Noah macht deutlich, dass sich Mensch und Tier vor allem in Zeiten der Gefahr im selben Boot befinden.[26] Gegenüber dem Propheten Jona beharrt JHWH darauf, dass ihm nicht nur die Menschen in Ninive leidtun, sondern auch „alles Vieh" (Jona 4,11).

Reine Tiere (Rinder, Ziegen und Schafe und bei besonderer Armut der Gläubigen auch Tauben) haben die Ehre, im jüdischen Tempel geopfert zu werden. Esel, Pferd, Kamel, Schwein und Hund und natürlich auch die Katze sind unreine Tiere.[27] Aber: Alle Geschöpfe, damit auch die unreinen, loben durch ihre Existenz ihren Schöpfer YHWH, zusammen mit den Menschen. In Jes 6,2f gibt es jene sechsflügeligen Schlangen, die das Allerheiligste bewachen. JHWH wird also analog zu den ägyptischen Göttern von geflügelten Kobras beschützt.[28]

Auch zum Vorbild für die Menschen werden Tiere, wenn etwa Bileams Eselin den Boten Gottes besser erkennt als ihr Herr.[29] „Das Tier hat eine Gottesnähe, die der Mensch verloren zu haben scheint."[30] Denn nur der Esel sieht den Engel Gottes, der ihnen den Weg versperrt, damit Bileam nicht seinen Fluch gegen Israel anbringen kann (vgl. Num 22,24). So gibt es eine geheime Mächtigkeit der Tiere auch gegenüber den Menschen.[31] Und es kann deshalb sein, dass Tiere mehr Einsicht in die Wege der Menschen und Gottes haben als die Menschen selbst. Jesus treibt diesen Vorbildcharakter ungeniert weiter: klug wie die Schlangen und arglos und gewaltlos wie Schafe und liebevoll wie die Tauben sollen die Jüngerinnen und Jünger in Mt 10,16 sein.[32]

Gott ist sich auch nicht zu schade, sich in Tiermetaphern zur Erfahrung bringen zu lassen. In Hos 13,8 ist es die Bärin, in Hos 11,10 der Löwe und Jes 10,14 die bergende Henne. Oder die Metapher für die Treue Gottes in Ex 19,4, wo JHWH sein Volk auf Geiersflügeln getragen hat.[33] So ist der wilde Stier ein kraftvolles Gottesbild in Israel.[34] Und die Taube vermittelt vielschichtig den Geist Gottes.[35]

Interessant ist, dass nach der Erschaffung des Menschen der sonst wiederholte Satz „und Gott sah, dass es gut war“ nicht erfolgt. Nach dem jüdischen Religionsphilosophen Joseph Albo (ca. 1440) ist dies ein Ausdruck dafür, dass die Tiere in ihrer bloßen Existenz gut sind, während die Menschen ihr Gutsein erst erreichen müssen. Umso schlimmer ist die Mithaftung des Sündenfalls, durch den alle Geschöpfe auch dem Unguten der Schöpfung unterworfen sind. Von daher überträgt sich dann auch die moralische Gutheit auf Tiere: Nach Ex 21,28 ist ein Rind zu steinigen, das einen Menschen so stößt, dass er stirbt.[36] Und in Jona 3,8 müssen sich Menschen und Tiere in Bußgewänder hüllen.[37] So befinden sich die Tiere in der Schicksalsgemeinschaft mit den in die Sünde gefallenen Menschen und bekommen die entsprechende Verdammung bzw. den Zorn JHWHs mit.[38] In Koh 3,19 gibt es für den Menschen deswegen keinen Vorteil vor den Tieren, weil sie wie diese sterben und weil sie den gleichen Odem haben.[39] Das klingt schon ganz anders als in Genesis 1.[40]

Aber die Tiere werden auch zusammen mit den Menschen in die Gnadengemeinschaft mit Gott aufgenommen. Nicht nur die Menschen quer durch alle Schichten, sondern auch die Tiere bekommen Anteil am gnadenhaften siebten Tag, am Sabbat also (vgl. Ex 20,9).[41] So sorgt der Gerechte für die Bedürfnisse der Tiere und im Gegensatz dazu ist das Herz der Bösen grausam (vgl. Spr 12,10). Die Weisheit Israels weiß davon, dass ein Mensch, der die Bedürfnisse der Tiere nicht bedient, in seinem Innersten grausam ist und auch ein Frevler gegen Gott (Spr 12,10).[42] In Hab 2,17 kommen das Quälen der Tiere, die Blutschuld am Menschen und die Gewalttat an der Erde (im Frevel am Libanonwald) aus dem gleichen destruktiven Urgrund und dynamisieren sich gegenseitig.[43]

Auch die rabbinische Halacha verbietet es, Tieren Leid zuzufügen, und bindet das Halten von Haustieren und Vögeln verantwortlich an die Futtervorsorge.[44] Maimonides wird das Prinzip einschärfen, den Schmerz der Lebewesen zu vermeiden. Und die Sabbatruhe ist aufgehoben, wenn dieser Schmerz vermieden werden soll.[45] Deswegen ist jedes grausame Töten von Tieren zu verurteilen.[46] Tiere haben den Menschen gegenüber eigene Rechte, analog zu bedürftigen Menschen. Freilebende Tiere werden mit Bettlern verglichen, die ebenfalls ein Recht auf Hilfe haben, und Haustiere haben ein Recht auf Ernährung.[47]

Ein je besseres Zusammenleben mit Tieren signalisiert zudem die angebrochene messianische Heilszeit.[48] Die Bemerkung in Mk 1,13, dass Jesus in der Wüste (in der er vom Satan versucht wird) bei den wilden Tieren lebte, kann man mit Gen 2,19ff. verbinden, wo der Mensch mit den Tieren im Paradies zusammenlebt. Jesus wird hier in Analogie zu Adam gesehen, der paradiesische Zustände zu vergegenwärtigen vermag.[49]

So kann man resümieren: „Ein Blick in die Bibel und die darin anschließende rabbinische Literatur zeigt eine überaus einfühlsame Sicht der Lebenssituation der Tiere. Obwohl das Tier nicht vermenschlicht wird, werden seine Gefühle mit denen der Menschen verglichen."[50] Und: „Tiere wurden im alten Israel weder vermenschlicht noch verdinglicht, sondern sie waren Wesen eigenen Rechts und eigener Würde."[51] Man sollte deshalb nach Othmar Keel die Tiere nicht „unvernünftig vermenschlichen (Hunde, Katzen) oder zur bloßen Ware degradieren (Tierfabriken)"[52]. Dem ist selbstverständlich zuzustimmen, doch ist das erste Gebot nochmals genauer zu betrachten. Denn erstens kann man sich, außerhalb empirischer Untersuchungen, kaum der Vermenschlichung der Tiere enthalten. Immer laufen Projektionen mit, und wenn es nur die ist, sie nicht vermenschlichen zu wollen. Bei vielen Tieren, und bei der Katze auf jeden Fall, ist es nun so, dass sie genügend Eigensinn aufbringen, der die Projektionen durchkreuzt. Viel wichtiger scheint mir die Frage zu sein, um welche Projektionen es sich handelt. Wenn die Tiere ein eigenes Recht haben, dann ist es eine für sie sehr vorteilhafte menschliche Projektion.

2.3 Mitgeschützt und mitgerettet

Hinsichtlich von Ochs und Esel in der Krippe in Lk 2,6–16 ist nicht nur an Jes 1,2–3 zu erinnern, wo Ochs und Esel dafür stehen, dass sie, im Gegensatz zum Volk Israel, ihren Herrn kennen und derartige Einsicht haben.[53] Vielmehr ist hier auch an den Propheten Habakuk zu erinnern, der deutlich macht, „inmitten zweier Lebewesen wirst du erkannt werden“[54]. Ochs und Esel zeigen sich damit als verschiedene Erkenntnisweisen des menschgewordenen Gottes. Sie repräsentieren nach Gregor von Nyssa die Erkenntnisweise Israels (den Ochsen, der als reines Tier in das Gesetz gespannt ist) und der Heiden (die im unreinen Esel symbolisiert sind).[55] Ohne diese beiden und ihre Anbetung des Jesuskinds kann der Gottessohn nicht erkannt werden.

Damit gibt es in der Weihnachtsgeschichte bereits – wenn es diese Hoffnung für den unreinen Esel gibt – auch die Hoffnung für die unreine Katze: Wie der Esel und mit ihm darf sie als ein Tier wahrgenommen werden, das mitgeschöpflich, allein durch ihr Dasein das Jesuskind anbetet und damit ihre Unreinheit verliert. Mit dem Esel vor der Krippe verlieren alle Tiere und er stellvertretend für sie ihre Unreinheit. Deswegen ist es auch ganz konsequent, wenn spätestens in den Geschichten der „Katze des Rabbiners" der Rabbi selbst die Katze im Judentum liebevoll und humorvoll rehabilitiert. Ein schöner Ausdruck dieser reinen Achtung, dass dem Reinen alles rein ist und dass es in der Schöpfung den Gegensatz zwischen Rein und Unrein[56] nicht gibt. Was dann erst recht für alle Menschen gilt: Jede Art von Degradierung und rassistischer Einstellung muss hier zugrunde gehen. Nicht von ungefähr vermutet Bettina Eltrop einen Zusammenhang zwischen der Unterordnung der Tiere und der Unterordnung von Frauen. „Männer, die als ‚Herren' über Frauen herrschen, prägen das Konzept von Beziehungen zwischen Lebewesen und damit auch der Art und Weise, wie Menschen über Tiere herrschen."[57] Und über andere Völker, denn: „‚Völker' sind nichts anderes als Trennungslinien, deren einziger Sinn darin besteht, auf jeder Seite den Hass zu kultivieren."[58]

Wenn also das weitere Feld der Tiere überhaupt in den Blick genommen wird – was ja dann auch annähernd wenigstens indirekt für die Katze gilt –, sieht das biblische Ergebnis ganz gut aus. Salomons besondere Weisheit war unter anderem seiner Fähigkeit zu verdanken, dass er alle Tiere gut kannte: „Er konnte alle Arten von Pflanzen genau beschreiben: von den hohen Zedern im Libanon bis zu den unscheinbaren Ysop-Pflanzen, die in Mauerrissen wachsen. Auch die Tierwelt war ihm nicht fremd: Er konnte über Säugetiere, Vögel, Kriechtiere und Fische sprechen" (1 Kön 5,13). In späteren jüdischen apokryphen

Schriften verstand er sie sogar und wusste ihre Stimmen zu interpretieren.[59] Der Koran nahm das gerne auf mit der Erzählung, in der ein Wiedehopf dem Salomon erzählt, dass es da dieses Land Saba gibt, in dem eine Frau auf dem herrlichen Thron sitzt.[60]

Auch Jesus will das Leben der Tiere geschützt haben.[61] Er steht in der Tradition, dass es Gott nicht egal ist, ob Tiere leiden. Die Menschen dürfen sie nicht schlecht behandeln.[62] So fällt nach Mt 10,29 kein Spatz auf den Boden, ohne dass es Gott weiß. Nicht zu vergessen Mt 6,26: „Siehe die Vögel unter dem Himmel an: sie säen nicht, sie ernten nicht, sie sammeln nicht in den Scheunen; und euer himmlischer Vater nährt sie doch." Dies ist ein ausgesprochen interessanter Text, vor allem bezogen auch auf das menschlich verbürgte Wesen der Katze: Sie begegnet als reine Gegenwart und muss sich qua Natur darauf verlassen, dass sie genährt wird bzw. Nahrung findet. Wie Jesus also Tiere in seine Gleichnisse für die Gottesbeziehung aufnimmt, „wäre ohne ein lebhaftes Zuneigungsgefühl [für diese, O. F.] kaum möglich gewesen"[63].

Das alles müsste dann auch eschatologisch bis in den Himmel hinein gelten. Ein elementarer theologischer Gesprächsort für die Würde der Tiere ist tatsächlich die Frage danach, ob sie „in den Himmel kommen". Geht man fundamentalistisch davon aus, dass nur Menschen, die an Christus glauben, in den Himmel kommen, dann kommen Tiere selbstverständlich, zusammen mit den ungläubigen Menschen, nicht in den Himmel – oder sie können nicht glauben und sind deshalb unschuldig, was dann? Doch wie der Ausschluss der Nichtgläubigen mit der universalen Liebe Gottes für alle Menschen zu konfrontieren ist, so gibt es im Neuen Testament tatsächlich Anzeichen dafür, dass für

Gott die Tiere eine so große Bedeutung haben, dass er sie so wichtig nimmt, dass man nicht positiv sagen kann, dass sie nicht in den Himmel kommen.[64] Von der direkten Erfahrung mit Tieren glauben viele religiöse Menschen, dass auch ihre Tiere nicht endgültig zugrunde gehen, sondern in irgendeiner Weise in Liebe aufgenommen werden.[65]

Immerhin sind sie Gott tatsächlich nicht gleichgültig. Gott hat den Treuebund auch mit den Tieren geschlossen (Gen 9,9–13): „Siehe, ich richte mit euch einen Bund auf und mit euren Nachkommen und mit allem lebendigen Getier bei euch, an Vögeln, an Vieh und an allen Tieren auf Erden bei euch … Das ist das Zeichen des Bundes, den ich geschlossen habe zwischen mir und euch und allem lebendigen Getier bei euch auf ewig: Meinen Bogen habe ich gesetzt in die Wolken; der soll das Zeichen sein des Bundes zwischen mir und der Erde." Diese Sorge Gottes für die Schöpfung hat endzeitliche Qualität: „Denn das ängstliche Harren der Kreatur wartet darauf, dass die Kinder Gottes offenbar werden. Die Schöpfung ist ja unterworfen der Vergänglichkeit – ohne ihren Willen, sondern durch den, der sie unterworfen hat –, doch auf Hoffnung; denn auch die Schöpfung wird frei werden von der Knechtschaft der Vergänglichkeit zu der herrlichen Freiheit der Kinder Gottes. Denn wir wissen, dass die ganze Schöpfung bis zu diesem Augenblick mit uns seufzt und sich ängstet" (Röm 8,19–22). Auch Calvin interpretiert Paulus in die Hoffnungsrichtung, dass Gott die Kreaturen an der Herrlichkeit der Kinder Gottes teilhaben lasse, aber nur, „dass sie eine Erhöhung und Befreiung nach ihrer Weise erfahren". Dies müsse genügen und man brauche sich über die Frage, ob Tiere unsterblich sind, keine Gedanken machen.[66]

Seit der klassischen Antike wird die Frage nach dem Verhältnis zum Tier meist unter der Anfrage, ob ein Tier denn Vernunft habe, ob es Gefühle habe und ob es zur Religion fähig sei, diskutiert. Die Antworten changieren zwischen der Verneinung und der Bejahung dieser Fragen. Augustinus begründet die Legitimität der Tiertötung mit dem Argument, dass Tiere keine Vernunft hätten. Nach Thomas von Aquin sind die Tiere zwar gefühlsfähig, aber sie haben keine eigenständige Seele, weswegen sie mit ihrem Tod vergehen.[67] Da sie gefühlsfähig sind, ist Mitleid und Mitleiden mit den Tieren eine ethische Forderung. Auch Thomas begründet diese Ethik mit einem Argument, das uns öfter in diesem Zusammenhang begegnet, nämlich dass ausgelebte Grausamkeit gegen Tiere auch entsprechende Grausamkeit gegenüber den Menschen ausagieren lässt.[68]

Ähnlich im Horizont des Mitleids argumentiert übrigens Thomas Morus, dass, wer mit den Tieren Mitleid habe, sich jede Art von Jagd verbieten müsse.[69] Immanuel Kant wird später das Argument von Thomas von Aquin aufnehmen für die Verpflichtung, mit Tieren pfleglich umzugehen, obgleich sie vernunftlos sind, weil der Mensch sonst seinen eigenen Charakter schädigt.[70] Auch dieses Argument ist selbstverständlich anthropozentrisch und billigt den Tieren keine irgendwie bzw. anders geartete Rationalität zu. Nach Bonaventura stellt Franz von Assisi die Güte der Schöpfung dadurch dar, dass der heilige Franz im Frieden mit den wilden Tieren lebt, also auch hier das Motiv einer wenigstens punktuellen Vergegenwärtigung des paradiesischen Zustandes.[71]

Der elsässische Theologe Albert Schweitzer sieht im Leben überhaupt einen Heiligkeitscharakter und bringt es unter das doppelte Gebot der Liebe, das alle Lebewesen umfasst, gemäß seinem berühmten Satz: „Ich bin Leben, das leben will inmitten von Leben, das leben will.“[72] Was offensichtlich über die unterschiedliche Grenzziehung zwischen Mensch und Tier hinaus als Leitmotiv wirksam ist, ist die gemeinsame Realität des Leidens und des Schmerzes und die von daher nötige Solidarität zwischen Mensch und Tier.[73]

3. Hochgeschätzt im Islam

Im Islam gibt es von Anfang an keinen Anflug davon, dass die Katzen auf teuflischer Seite oder unrein seien. Auch Katzen haben eine Seele. „Die Vorliebe des Propheten Muhammad für Katzen wird in vielen seiner Hadithe überliefert: ‚Zuneigung für Katzen ist Teil des Glaubens.‘ Eine Katze zu lieben ist also ein Anzeichen dafür, dass jemand ein Gläubiger ist. Als der Prophet Muhammad während des Uhud-Feldzugs auf eine schwarz-weiße Abessinierkatze stieß, die ihr Kätzchen stillte, änderte er den Kurs seiner Soldaten. Auf dem Rückweg adoptierte er diese Katze und gab ihr den Namen Mu'izza. In einer anderen Überlieferung neigt er leicht seine Tasse, damit eine vorbeikommende Katze etwas Wasser trinken kann.“[74]

Aischa, der jungen Frau des Propheten, wird die wunderschöne Strophe in den Mund gelegt:

> Wenn Sorgen meine Brust bedrängen, sag ich:
> Vielleicht zerstreuen sie sich eines Tages.
> Ein Kätzchen mein Gefährte; mein Vertrauter,
> Die Bücher und die Lampe ist mein Liebchen![75]

Es ist einfach wahr, was Annemarie Schimmel über die orientalischen Erfahrungen mit der Katze schreibt: „kurz, sie ist immer aufs Neue geheimnisvoll, menschlich, übermenschlich und faszinierend“[76]. Und wehrhaft: So gibt es im indisch-muslimischen Bereich das Sprichwort: „Wer mit Katzen spielt, muss ihr Kratzen ertragen.“[77]

Die Katze Mu'izza war das geliebte Tier des Propheten Muhammad, „das die Dichter des Orients zu kühnen Übertreibungen begeisterte und den Frommen wie den Gelehrten in ihrer Einsamkeit Gesellschaft leistete“[78]. Es wird sogar überliefert, dass der Prophet, „als er sich zum Gebet anschickte, sogar seinen Ärmel abgeschnitten haben (soll), um eine darauf schlafende Katze nicht zu stören“[79]. Und so gibt es bei den Frommen die Vorstellung, dass in der Nachfolge Muhammads die Katzenliebe selbst ein Teil des Glaubens sei.[80] So ist es dann auch eine schwere Sünde, wenn man ihnen Böses antut.[81] Von daher versteht man auch die eschatologische Bedeutung des menschlichen Umgangs mit der Katze. Alle anderen guten Taten wiegen nicht so viel wie beispielsweise die Rettung eines Kätzchens vor Kälte und Schnee,[82] um in den Himmel zu kommen.

Es ist eine besondere Projektionsleistung, wenn Derwische daran glauben, „dass die Katze wie ein Mensch die rituelle Reinigung vollzieht und dass sie den ganzen Tag ihre Gebete rezitiert“. Denn immerhin ist sie tatsächlich sehr reinlich und putzt sich andauernd, und tatsächlich sitzt sie in sich versunken stundenlang auf einem Polster und scheint zu meditieren.[83] Der Bagdader Mystiker Schibli (gestorben 945) erzählt die Geschichte, in der für Muhammad die Katze sogar zur Gestalt göttlicher Gegenwart werden kann: „Denn die Katze war dem Propheten in einer entscheidenden Minute seines Lebens erschienen: als die Engel ihm das Herz reinigten und ihm das Siegel des Prophetenamtes eindrückten, rief einer der Engel die Sakina (die ‚göttliche Gegenwart', entsprechend der hebräischen Schechina); sie kam ‚in Gestalt einer weißen Katze, und sie wurde in mein Herz eingeführt', wie der Prophet berichtet."[84] So gibt es auch den eschatologischen Frieden in der islamischen Welt, wie etwa bei dem Mystiker Rumi, wo es heißt, dass, als Salomo herrschte, sich Panther und Gazelle befreundet hätten.[85]

Bei aller Angleichung an die Menschen folgen Katzen den unmittelbaren Herausforderungen ihrer Natur. So erzählt eine orientalische Geschichte: In der Auseinandersetzung um die Frage, ob Erziehung oder Veranlagung stärker seien, zeigt der König seine Katzen, die dazu dressiert sind, Kerzen zu tragen. Der Wesir aber bringt heimlich Mäuse herbei, und sofort lassen die Katzen die Kerzen fallen und rasen den Mäusen nach. An der Katze wird also dargestellt, dass das Selbst-Sein immer stärker ist als die Dressur.[86]

4. Fernöstliche Impressionen

Die buddhistische Tradition ist in ihren katzenbezogenen Legenden zwiespältig. Da hat sie doch (typisch!) Buddhas Begräbnis verschlafen und gehört deswegen nicht zu den Lebewesen, die geachtet sind. Eine jahrtausendelang andauernde Nachtragerei im Buddhismus, bei der die Katze nirgendwo mehr auf einen grünen Zweig kommt, war die Folge. Doch auf der anderen Seite gibt es auch, und auch hier wie im christlichen Bereich, vor allem in den Klöstern Menschen, die die Katzen als gute Mitbewohnerinnen aufgenommen haben.[87]

Nach Manfred Hutter begegnet uns im indischen, näherhin hinduistischen und buddhistischen Bereich eine Biozentrik statt einer Anthropo-zentrik.[88] Auch die Götter gehören zu den Lebewesen. Die gesamte Hierarchie der Lebewesen ist also bei aller Unterschiedlichkeit und Hierarchisierung doch unter der gemeinsamen Wirklichkeit, Lebewesen zu sein, vereint.[89] So ist zwar die Erlösung aus dem Kreislauf der Wiedergeburt nur über die menschliche Existenzform möglich, nicht über tierische Lebewesen. Zugleich können aber Tiere Existenzformen von Menschen sein. Die Ethik des Nichttötens und Nichtverletzens gilt für alle Lebewesen.[90] Die Katze wird allerdings in den meisten einschlägigen Texten zur Tierbeziehung nicht genannt.

Wenn es um die Tiererscheinungen in der hinduistischen Götterwelt geht, kommen besonders der Löwe, der Affe und herausragend der Elefant in den Blick, denn der elefantenköpfige Ganesha hat als Sitz von Weisheit einen hohen Rang in der Götterwelt.[91] Dazu gehört bekanntlich die kultische und alltägliche Verehrung der Kuh ab der Mitte des 1. Jahrtausends n.Chr. Sie zu töten oder ihr Fleisch zu essen gilt als große Sünde.[92] Im Buddhismus begegnet vor allem die Ethik des Mitleids mit anderen Wesen, zusammen mit der Vorstellung, dass „alle Lebewesen an der Buddha-Natur Anteil haben.[93] Wer also ein Lebewesen tötet, „verhindert dessen (Teil-)Entwicklung zur Buddhaschaft bereits in diesem Leben“[94]. Das Heil der anderen Lebewesen ist mindestens genauso wichtig oder auch wichtiger als das eigene Wohlergehen.[95]

Auch Arthur Schopenhauer (1788–1860) hat (in Anlehnung an die indische Tradition) davon gesprochen, dass in den Menschen wie auch in allen Tieren ein ewiges Wesen zu erkennen und zu respektieren sei.[96]

In Japan gibt es die winkende dreifarbige Glückskatze Maneki-Neko, die mittlerweile weltweit verbreitet ist und auf die viele Legenden zurückgehen, in denen die Katzen als Glücksbringerinnen und Warnerinnen vor Unheil geachtet sind. Doch gibt es auch hier die dämonische Katze, die verführt und Tod bringt. Ihr gegenüber wird allerdings von der Katzendämonin Nekomata erzählt, die Gutes bringt und tut.[97]

Interessant ist, dass es eine ähnliche Geschichte wie die des um der Liebe willen kleidverschneidenden Muhammad im altchinesischen Bereich gibt, und zwar als ein chinesischer Kaiser (an der Macht 7–1 v. Chr.) aufzustehen versucht, während sein Geliebter auf dem Ärmel seines Gewandes eingeschlafen war. „Um ihn nicht zu wecken, schnitt er seinen Ärmel ab und er erschien mit beschädigtem Gewand in der Öffentlichkeit. Seine Hofdiener übernahmen darauf diese Tracht, um die Liebesbeziehung zu feiern."[98] Diese Geschichte ist acht Jahrhunderte älter als die islamische ähnliche Geschichte (allerdings bezogen auf die Katze). Da gibt es zwei Möglichkeiten: Die ältere Geschichte hat ihre flexible Wanderung durch die Kulturen und Religionen gemacht oder aber: Die Geschichte wurde mehrmals zu unterschiedlichen Zeiten in unterschiedlichen Religionen „erfunden".

5. Leidensgeschichte im christlichen Bereich

Die Geschichte der Katzen mit den Menschen ist aber auch eine Leidensgeschichte auf Seiten der Katzen. Damit ist die Katze in der Menschheitsgeschichte sicherlich nicht alleine, aber sie spiegelt in besonderer Weise die Differenz zwischen himmelhoch-gepriesen und höllisch-vernichtet. Sie zeigt stellvertretend für die Missbrauchsgeschichte vielen Tieren gegenüber, was Menschen der Tierwelt angetan haben und antun. Vom Extrem der Apotheose der Katzen in der ägyptischen Gottheit Bastet stürzt sie in christlichen Bereichen in die Verteufelung und Dämonisierung der (besonders schwarzen) Katze als Hexen- und Teufelsattribut.[99] Damit wird sie vogelfrei, man kann sie lebend ans Holz nageln; und nicht zu vergessen die unzähligen Kätzlein, die nach der Geburt ertränkt wurden. Dies geschah sicher auch im Kontrast zu der Grundeinstellung in den germanischen Völkern, die mit der Geschichte verbunden ist, dass die germanische Göttin Freya, Göttin der Fruchtbarkeit, des Frühlings, des Glücks, der Liebe und des Zaubers, in einem Wagen gefahren wurde, der von Katzen gezogen wurde.[100]

Die Dämonisierung der Katze geschah besonders in Predigten, wie Daniela Schmidt in der Analyse einer Predigt des Franziskaners Berthold von Regensburg (1210–1272) nachweisen konnte.[101] In diesem Diskurs gehören Ketzer und Katzen tatsächlich zusammen, beide vollbringen das schmutzige Werk der Unzucht und verschieben die herrschenden Grenzen zwischen Fremden und Angehörigen.[102] Katharer und Sarazenen werden dabei in einem Atemzug genannt.[103] Ketzer und Katzen durchbrechen also die Grenze zwischen einheimisch und fremd, zwischen innen und außen und zerstören damit bestehende Herrschaftsverhältnisse und Wahrheitssysteme. „In diesen Zuschreibungsprozessen, die sich 1233 erstmalig in einer päpstlichen Urkunde verdichteten, wurzeln somit die spätmittelalterlichen und frühneuzeitlichen Hexenbilder, die eine untrennbare Verbindung zwischen der schwarzen Katze und der Malefizfrau herstellen. Hier gründet aber auch die Gewissenlosigkeit, mit der die neuzeitliche Gesellschaft den periodischen Katzenmassakern und den alltäglichen Tierquälereien begegnete. Die unheilvolle Rolle, die dem Katertier zwischen 1180 und 1230 zugeschrieben wurde, war somit zum einen von den Bemühungen der Theologen geprägt, die Häretiker ... durch ein dämonologisch qualifiziertes Tierattribut zu charakterisieren, das überdies die Verbindung zu älteren Sektenphantasien herstellen konnte; zum anderen auch von der Furcht vor den Theorien und Praktiken der Heilkunde und Volksmagie, die die Felidae als Objekte der Dämonenbeschwörung und okkulter Praktiken mit Beschlag belegt hatten." Heute würde man vielleicht sagen: Alles Fremde und Alternative, alles Lustvolle und Geheimnisvolle und damit alles, was zu einer schweren Sünde führt, verkörpern Katze und Ketzer.[104]

„In Metz wurde bis etwa 1750 jedes Jahr eine kuriose Zeremonie gefeiert, bei der ein mit Katzen gefüllter eiserner Käfig auf einen Scheiterhaufen gelegt wurde, der dann angezündet wurde. In Paris, als das Feuer von Saint-Jean auf dem Place de Grève entzündet wurde, wurden die Katzen freigelassen, als die Flammen sehr hochstiegen. Die armen Tiere konnten ihr Leben nur retten, indem sie auf die Spitze des Mastes kletterten, der in der Mitte des Scheiterhaufens gepflanzt war und von dem sie, vom Rauch erstickt und von den Flammen geblendet, unter dem Applaus der tosenden Menge fielen, am häufigsten zu sterben."[105]

Nicht zuletzt in den ziemlich drastischen gegnerischen Flugschriften der Auseinandersetzung um die Reformation diente die Katze beiden Seiten als „diabolische Konnotation“, die dem Gegner zuteilwurde.[106] Auch dem Judentum wird die Katze als Symboltier zugeordnet.[107]

Trotz dieser Abwertung und Dämonisierung der Katze im frühen christlichen Europa gibt es zahlreiche Belege für ein problemloses Zusammenleben, vor allem im monastischen Kontext.[108] Die Katze unterbricht die Gnadenlosigkeit von Leben und Arbeit und ist, wie Rainer Kampling zu Recht folgert, gerade deswegen für die, die die Menschen moralisch und leistungsmäßig unter Druck setzen wollen, ein Gegenspieler, ein Teufel, ein Dämon. „Wenn man einen Anhalt aus den besprochenen Texten gewinnen will, so könnte man vermuten, dass die Katze deswegen verdächtigt wurde, weil sie, wie einige Texte belegen, der Rekreation diente. Es würde sich in der gestörten Wahrnehmung fügen, gerade das Tier zu dämonisieren, dem man Erholung dankt.“[109]

Die entgrenzende und eigensinnige Phantasie der bildenden Kunst dieser Zeit entwickelt indes diese erholsame Seite: Hier sind die Katzen Beiwerk mit unterschiedlichen, meist positiven Motiven: „Den Teufel und das Böse sollte man geradezu vergessen, wenn man auf Katzen in Bildern trifft.“[110]

Fundamentalistische Kreise dagegen nehmen bis heute die negativen Einstellungen zur Katze aus der Tradition, um deren Vernichtung als Vorbereitung auf das Jüngste Gericht zu fordern.[111] In dieser Art von christlichem Fundamentalismus findet man wieder die Katzendämonen als Gegner der Engel. Die Grazer Religionswissenschaftlerin Theresia Heimerl formuliert dies so: „Je umfassender der Zugriff des Christentums auf die Seelen und Körper der Gläubigen, desto widriger die Existenzbedingungen für

Katzen ...“[112] Sie werden mit den Häretikern und Hexen mitverbrannt. Die Angst vor Herrschaftsverlust explodiert in die Versklavung der anderen hinein und in die Vernichtung derer, die sich nicht versklaven lassen. Im Umgang mit der Katze entschleiert sich das entweder gute oder schlechte Verhältnis zwischen Ordnung und Chaos, Bindung und Freiheit, Moral und Lust, Bekanntem und Fremdem. Grenzziehungen, die andere degradierend zu Anderen machen (othering), werden aufgedeckt.

Nach alledem kann nur begrüßt werden, dass im evangelischen Gottesdienstbuch für die Liturgie am Karfreitag die Fürbitte vorgesehen ist: „Sieh an die Tiere, unsere Mitgeschöpfe, deren Leben, deren Angst, deren Qual für nichts geachtet ist, deren Wert nur nach ihrem Nutzen berechnet wird. Für sie und für die Menschen, deren Herzen abgestumpft und kalt sind für die Leiden der Kreatur, bitten wir: Erbarme dich Gott.“[113] Dorothea Sattler bedauert, dass in der Karfreitagsliturgie der römisch-katholischen Kirche eine solche Bitte noch nicht aufgenommen worden ist.[114]

4. Literarisches

„Literatur ist das Medium, das einem ermöglicht, mehr als tausend Leben führen zu dürfen, ohne mehr als einen Tod sterben zu müssen“:[1] ein wenig wie die Katze, die bekanntlich viele Leben hat. Dabei werden immer mehrere Sichtweisen wahrgenommen und gelernt.[2] Nicht tausend, aber einige literarische Katzenleben können nun meine eigene Katzenerfahrung vervielfachen.

1. Erinnerung an Michel de Montaigne

Die Frühmoderne geht zunächst mit dem französischen Philosophen Descartes davon aus, dass das Tier wie eine Maschine und auch als Automat zu betrachten und zu behandeln sei.[3] Die humanistische Bewegung des 15. und 16. Jahrhunderts ist weitgehend darauf aus, die Würde des Menschen in der Differenz zu den Tieren herauszustellen. Und wenn es eine Vergleichbarkeit gibt, dann oft eine negative, nämlich dass sich der Mensch mit seinem Verhalten bzw. seinem Aussehen auf die niedrige Stufe von Tieren begibt. So vergleicht Luther den Papst mit einem Esel und so nennt Hamlet seine verwitwete Mutter, die sich Hamlets Onkel zum Gatten macht, ein buhlendes Schwein.[4]

Ganz anders, obwohl in der Aura des Humanismus aufgewachsen, Michel de Montaigne, der die Ähnlichkeiten zwischen Mensch und Tier in einer Weise versteht, dass darin der Mensch selber etwas Wertvolles zu entdecken und zu erlernen vermag. So haben die Tiere im Gegensatz zum Menschen nur auf den ersten Blick keine Sprache. Doch *haben* sie eine Sprache, die der Mensch nur nicht versteht. Die Lautsprache der Katze ist viel reichhaltiger als nur das bekannte Miau. Forschungsergebnisse aus der neueren Verhaltensbiologie belegen, dass Katzen für Menschen eine eigene Lautfolgesprache entwickeln, anders als für ihresgleichen. Darüber hinaus haben sie eine reichhaltige Palette von anderen körperlichen Ausdrucksmöglichkeiten.[5]

Und was zu lernen ist: dass sich Tiere offensichtlich eher im Einklang mit der Natur verhalten als die Menschen, die dies erst ein Leben lang lernen müssen. Nach Montaigne führt die Natur im Instinkt die Tiere mit mütterlicher Zärtlichkeit bei der Hand.[6] Er schreibt, „dass die übliche Arroganz der Gattung Mensch, sich für etwas Besseres zu halten, ebenso ein Symptom für unsere Unwissenheit sein könnte“[7]. Und er führt aus: „Diese Unfähigkeit zur Kommunikation zwischen ihnen und uns – warum sollte sie nicht ebenso unsere sein wie ihre? Es bleibt eine offene Frage, wessen Fehler es ist, dass wir uns nicht verstehen, denn wir verstehen sie keineswegs besser als sie uns! So können sie uns mit gleichem Recht als vernunftlose Tiere halten wie wir sie.“[8]

Das menschliche Überlegenheitsgefühl ist also nicht angebracht, es ist vielmehr so wie mit dem fehlerhaften Menschen, der sich in der Synagoge (vgl. Lk 18,9–14), Kirche oder Moschee ganz vorne hinstellt und vor Eitelkeit vor Gott geradezu platzt, während hinten die Tiere in Bescheidenheit vor Gott treten, wohl bewusst um ihre vielen großen und kleinen Fehler, aber ohne den Fehler der Eitelkeit und der Selbstüberschätzung. Derart können die Tiere das Gotteslob eher ausdrücken als der arrogante Mensch, der sich hier absolut doxologieunfähig zeigt. Denn Gott größer sein zu lassen als sich selbst beginnt damit, die Mitgeschöpfe genauso viel wert sein zu lassen wie sich selbst.

In den Jahren vor seinem Tod hat Montaigne seine Essays nochmals mit Randbemerkungen versehen und in der Abhandlung über die Tiere dazu geschrieben: „Wenn ich mit meiner Katze spiele – wer weiß, ob ich nicht mehr ihr zum Zeitvertreib diene als sie mir? Die närrischen Spiele, mit denen wir uns vergnügen, sind wechselseitig: Ebenso oft wie ich bestimmt sie, wann es losgehen oder aufhören soll.“[9] In ihrer Verspieltheit begegnen sie sich also in je eigener Spielerfahrung. Und werden zum konnektiven Wir, dem jede Art von Kollektivismus fern ist. Montaigne unterstellt seiner Katze also die Würde, ein eigenes Subjekt mit einem eigenen Vorhaben, mit eigenen Intentionen und Vorstellungen zu sein.

Der Mangel an sprachlichem Austausch wird nicht nur kompensiert, sondern gibt ein weites Feld frei für unzählige Berührungen und Gesten, für Liebkosungen und Umarmungen.[10] Immerhin wird dadurch der Blick dafür geöffnet, dass auch die Menschen sich – oft nicht dessen bewusst – über ihre Mienen, Gesten und Körperhaltungen begegnen und darin manchmal mehr ausdrücken, als die Sprache es könnte. Denn die Sprache benötigt eine gewisse Reflexivität, der körperliche Austausch aber ereignet sich mit einer vitalen Unmittelbarkeit, die nicht zu lügen vermag. Deshalb ereignen sich körpersprachliche Zeichen immer viel eher, als man mit der Sprache ausdrücken kann; die Gestik geht dem Gesprochenen, der Leib geht dem Wort voraus, und deswegen sieht es auch immer so komisch aus, wenn die Gestik einstudiert nachklappt. Es ist übrigens eine Grunderfahrung in der Rhetorik, dass das Wort immer einen Bruchteil einer Sekunde nach der Gestik und Mimik kommt,[11] die sich auf dieses Wort beziehen.

Sehr schön formuliert hier Carsten Colpe hinsichtlich seines Katers Peterle, wenn der bei ihm auf dem Schreibtisch lag. „Er guckte mich dann mit großen, ganz blanken Augen ruhig an und versuchte, darin zu lesen. Dann war es nicht mehr Buchwissen, was ich über Naturvölker und Schamanen gelernt hatte, sondern spontane Selbstverständlichkeit: dass Mensch und Tier, in diesem Falle ich und Peterle, verwandt sind."[12] Mit solchen Gedanken über die Subjekthaftigkeit der Katze uns Menschen gegenüber treten wir bereits aus uns selbst heraus und versetzen uns in die Katze, und gleichzeitig tun wir das als diejenigen, die darin Mensch bleiben.

Wunderbar ist die Beobachtung Montaignes: „Es gibt gewisse Arten der Zuneigung, die bisweilen unberaten vom Verstand in uns aufkommen und einer spontanen Gefühlsregung entspringen, die manche als Sympathie bezeichnen. Auch hierzu sind die Tiere fähig, genauso wie wir."[13] Wenn wir sagen: Den oder die kann ich nicht riechen, dann befinden wir uns voll auf diesem intergeschöpflichen Niveau. Dies hat spätestens Charles Darwin in seinem Buch „Der Ausdruck der Gemütsbewegungen bei den Menschen und den Thieren" 1872 genauer untersucht.[14] Neuere Experimente haben übrigens ergeben, dass Katzen eifersuchtsfähig sind.

Wie wir nicht ohne andere Menschen sein können, so können wir auch nicht ohne Tiere sein und umgekehrt. Zwischengeschöpflichkeit und Zwischenmenschlichkeit bedingen sich gegenseitig. So erfährt der Mensch in der Begegnung mit dem Tier auch seine eigene Fremdheit, vieles, was ihm selbstverständlich erscheint, Gängiges und Bekanntes wird rissig und zersplittert. Wer die Grenzen des Lebensrechtes und der Lebenswürde allzu scharf zwischen Mensch und Tier zieht, ist versucht, dies auch zwischenmenschlich zu tun: zwischen behinderten und unbehinderten Menschen, zwischen Reich und Arm, zwischen Frau und Mann, zwischen einheimisch und fremd, zwischen angeblich hohen und angeblich niederen Kulturen und vieles davon mehr. Auch hierzu gibt es von Montaigne einen bezeichnenden Text: „Was wir Missgeburten nennen, sind für Gott keine, da er in der Unermesslichkeit seiner Schöpfung all die zahllosen Formen sieht, die er darin aufgenommen hat. Ich halte es für durchaus denkbar, dass jede uns als verwunderlich in die Augen springende Gestalt einer anderen gleicher Art entspricht, die dem Menschen verborgen bleibt.“[15] Frampton fügt hinzu: „Und wenn Gott sie geschaffen hat, vielleicht entspricht sie ja ihm – oder ihr – selbst?“[16] Eigentlich eine nur rhetorische Frage!

Ein interessantes Verhältnis hat Montaigne, dem ja die Erfindung der Essay-Form zugeschrieben wird, zum leeren Papier. Ihn bedrückt kein horror vacui, kein Schrecken vor dem leeren Blatt, sondern er schreibt: „Auch mit dem Papier rede ich so unbekümmert wie mit dem Erstbesten, der mir über den Weg läuft.“[17] Hier kommt viel von der Genussfähigkeit Montaignes zum Vorschein. Er muss nicht wie Descartes denken, um leben zu dürfen, muss nicht dadurch seine Existenz beweisen, sondern er vertraut darauf, dass seine Existenz als solche das Leben auszukosten und das leere Blatt zu füllen vermag. Und gerade deswegen kann er schreiben: „Ich habe mein Buch nicht mehr gemacht, als es mich gemacht hat.“[18] – Das kann auch ich sagen, von diesem Buch genauso wie von der Katze, und beides ermöglicht sich gegenseitig.

2. Charles Baudelaires Sphinx

Gerade in der Literatur ist die „Attraktivität der samtigen Ambivalenz“ der Katze nicht aufzuhalten.[19] Ihre teuflische Widerständigkeit bekommt nun ein anderes Vorzeichen und mutiert zur „Sympathie für den Rebellen gegen das System der unterdrückerischen Obrigkeit und deren rigide moralische Normen“[20]. Charles Baudelaire formuliert diese Wende in seiner Katzenpoesie:

> Nein, es gibt keinen Bogen, der greift
> mein Herz, das vollkommene Instrument,
> und lässt königlicher
> singen seine vibrierendste Saite,
> als deine Stimme, geheimnisvolle Katze,
> seraphische Katze, sonderbare Katze,
> in der alles ist, wie in einem Engel,
> so subtil wie harmonisch!
>
> Wenn meine Augen, von dieser Katze, die ich liebe,
> angezogen wie von einem Magneten,
> sich gehorsam abwenden
> und ich in mich hineinschaue,
>
> sehe ich mit Verwunderung
> das Feuer ihrer blassen Augensterne,
> Leuchtzeichen, lebende Opale,
> die mich unverwandt anschauen.[21]

Das Geheimnis der Katze ist nunmehr kein teuflisches mehr, sondern ein engelhaftes:

Was ehemals als ketzerisch galt, mutiert in seiner „Katzenpoesie" zum Zauber:

Eine schöne Katze,
stark, sanft und zauberhaft …
erquickt mich wie ein Liebeszaubertrank …
enthält alle Ekstasen.
Um die längsten Sätze zu sagen,
bedarf sie keiner Worte.

Katzen sind „mächtig und süß", sie gleichen der „großen Sphinx". „Sie suchen die Stille und das Grauen der Finsternis", sie sind „sanft und stark", sie sind „Weisheit und Sinnenglut".[22] Die Katze wandert tief durch die Tagträume von Baudelaire und verstärkt dort ihre Sinnlichkeit und Geheimnishaftigkeit.

In eine ähnliche Richtung geht das Gedicht „Versonnen":[23]

Versonnen nehmen sie die
edlen Haltungen
der großen Sphinxe ein,
die ausgestreckt
in tiefen Einsamkeiten ruhen
und zu entschlummern
scheinen
in endlosem Traum

Und dann ganz enthusiastisch im Gedicht „Rätselvolle Katze":[24]

In meinem Hirn, als wär's ihr eigner Raum,
Schleicht auf und nieder auf der weichen Tatze

Geschmeidig sanft die schöne, stolze Katze.
Und ihrer Stimme Tun vernimmt man kaum …

Auf meiner Seele Saitenspiel ließ nie
Ein andrer Bogen so voll Glut und Leben
Die feinsten Saiten schwingen und erbeben,
Kein anderer so königlich wie sie,

Wie deine Stimme, rätselvolles Wesen,
Seltsame Katze, engelsgleiches Tier,
Denn alles, Welt und Himmel, ruht in ihr,
Voll Harmonie, holdselig und erlesen.

3. Rilkes schwarzfelliges All-Geheimnis

Rainer Maria Rilke schreibt in Paris im Sommer 1908 ein hinreißendes und auch geheimnisvolles Gedicht über die „Schwarze Katze“[25]:

Ein Gespenst ist noch wie eine Stelle,
dran dein Blick mit einem Klange stößt;
aber da, an diesem schwarzen Felle
wird dein stärkstes Schauen aufgelöst:

wie ein Tobender, wenn er in vollster
Raserei ins Schwarze stampft,
jählings am benehmenden Gepolster
einer Zelle aufhört und verdampft.

Alle Blicke, die sie jemals trafen,
scheint sie also an sich zu verhehlen,
um darüber drohend und verdrossen
zuzuschauern und damit zu schlafen.

Doch auf einmal kehrt sie, wie geweckt,
ihr Gesicht und mitten in das deine:
und da triffst du deinen Blick im geelen
Amber ihrer runden Augensteine
unerwartet wieder: eingeschlossen
wie ein ausgestorbenes Insekt.

Rilke glaubte daran, dass die Kraft der Seele „die Schwingungen ihres Erlebens in den äußeren Weltenraum entlässt“, dass es diese Verbindung zwischen innigster Innenwelt und äußerster Außenwelt gibt.[26] In solchen Erlebnisschwingungen haben alle Dinge eine Aura, die nicht in ihrem bloßen Dasein aufgeht, wie er dies dem amerikanischen Pragmatismus vorwirft: „Ein Haus, im amerikanischen Verstande, ein amerikanischer Apfel oder eine dortige Rebe, hat *nichts* gemeinsam mit dem Haus, der Frucht, der Traube, in die Hoffnung und Nachdenklichkeit unserer Vorväter eingegangen war … Die belebten, die erlebten, die *uns mitwissenden* Dinge gehen zur Neige und können nicht mehr ersetzt werden. … Auf uns ruht die Verantwortung, … ihren humanen und larischen Wert (‚Larisch‘, im Sinne der Haus-Gottheiten)“ zu erhalten.[27]

In diesem Gedicht gewinnt ein solches „belebtes Ding“ eine solche göttliche Tiefe. Es ist einer jener Augenblicke, von dem der Dichter schrieb: „‚Vergehen‘, nein, das fürchte ich nicht, denn wozu wäre in allem Erlebnis der Augenblick da, der uns die Maaße umstellt, so dass sie plötzlich in die Tiefe gehen, wo er unaufhörlich ist.“[28] Denn auch die Tiere sind es, in denen Gott das Leben lebt.[29] Und so erlebt Rilke, dass die Seele diesseits in ihrem Geheimnis verschlossen bleibt.[30] An diesem schwarzen Fell kommt das Toben des äußeren Lebens zur Ruhe. Es verdampft wie das Toben in der Gummizelle. Das Fell der schwarzen Katze schluckt alles Widrige in sich auf. Und die Seele entdeckt ihre eigene Tiefe. Zuerst im „zugeschauerten" Schlaf, dann aber mit ihrem offenen Blick, in dem sich die Seele eingeschlossen entdeckt. Mit ihrer ganzen bis in diesen Augenblick hinein ausgestorbenen Geschichte. Die Katze verhehlt die Blicke, die sie treffen, und das Ganze ist auch nicht gemütlich, sondern sie reagiert auch drohend und verdrossen. Aber die Katze schläft damit. Sie bringt die Blicke aller zur Ruhe und zum Stillstand, wenn sie die Augen öffnet, findet sich die Seele ausgehebelt aus dem bisherigen Leben: wie ein ausgestorbenes Insekt! Von daher versteht man den Satz, den Rilke einmal gesagt haben soll: „Das Leben und dazu eine Katze, das ergibt eine unglaubliche Summe, ich schwör's euch!"[31]

Beides dient der Stilllegung: Das schwarze Fell dämpft ab bis hin zur Beruhigung, und das Sich-Auffinden in des Katers Pupille hält das Leben selbst an. Ein wenig erinnert diese Bildwelt an Rilkes Gedicht „Der Panther" (1903, ebenfalls Paris), an dessen letzte Strophe:

Nur manchmal schiebt der Vorhang die Pupille
sich lautlos auf –. Dann geht ein Bild hinein,
geht durch der Glieder angespannte Stille –
und hört im Herzen auf zu sein.[32]

Die kryptische Magie, die von den Pupillen der Katze ausstrahlt, begegnet auch bei Baudelaire:

Komm, schöne Katze, und schmiege dich still
an mein Herz, halt zurück deine Kralle.
In dein Auge ich träumend versinken will,
drin Achat sich verschmolz dem Metalle.[33]

4. Axel Eggebrechts „kleine Löwin"

Den Journalisten und Schriftsteller Axel Eggebrecht (1899–1991) beeindruckt die Katze mit ihrer „amoralischen Leere“, die herrlich in ihren Augen liegt:[34] „die Katze bleibt als letzte göttliche Inkarnation der Morallosigkeit, sie gehorcht nicht, … der Fleiß ist für sie noch nicht erfunden“[35]. Derart gilt: „Die Katze aber ist eine anarchistische Aristokratin mit gesundem proletarischen Élan vital. Sie hat etwas von allen Extremen menschlicher Ideale in ihrem Wesen, sie hat die natürliche Formvollendung, die uns verlorenging und die wir in allen unseren Extremen wieder suchen.“[36] Die Katze ist die „weiche, sinnliche, kleine Löwin, die die Gottheiten begleitet und manchmal selber zu einer Gottheit wird.“[37]

Hymnisch schreibt Eggebrecht: Die Katze „bleibt der Ausnahmefall in unserer durchorganisierten Welt. … Die platte Straße des eitlen, müden, rasierten, plombierten, ondulierten, elektrifizierten, konfektionierten Menschen kreuzt zum letzten Male die Spur der verlorenen Natur.“[38] Denn „eine Katze nimmt nichts an, was ihr nicht von Ursprung und Anbeginn eignet“[39]. Sie ist das Gegenüber zu unserer unsäglichen kausalen Natur, „am Dasein allein kein Genüge zu finden. Wir wollen uns unaufhörlich beweisen, dass wir da sind … Und damit ist die heilige Unschuld des Seins schon getrübt.“[40] So steht sie wie ein Bollwerk (hier verbindet sich durchaus das wuchtige Wort mit der eleganten Katze) gegen jede Art von Instrumentalisierung, von Verfügbar-Werden oder Verfügbar-gemacht-Werden. Genau darin kann sie der Menschen „Vor Bild“ sein.[41]

Indem ich bereits sage, dass man dies von Katzen lernen kann, bin ich schon wieder in der Tretmühle, dass hier etwas geschehen müsste. Es ist ein Dilemma, dieses Paradoxon: etwas lernen dürfen, was gar nicht zum Lernen da ist. Etwas zu beschreiben, was ohne die Beschreibung längst existiert und was dieser Existenz überhaupt nichts Notwendiges hinzufügt. „Diese Zeilen verleugnen durch ihre Niederschrift recht eigentlich, was sie sagen sollen."[42]

Vom Schriftsteller Meerfeld schreibt Eggebrecht mit offensichtlicher Sympathie: „Aufgewachsen war er einst bei ländlich biederen, unentwegt für ihr kleines Leben dankbaren Verwandten. Die wollten dem Jungen ihr Zufriedensein mit der ganzen quälenden Inständigkeit katholischer Kleinbürger einpflanzen. Das pferchte und presste und nötigte und konnte die Flamme doch nicht ersticken, vor der sich die Guten fürchteten. … Meerfeld dachte nicht gern an die Kindheit zurück. Nur eine einzige Erinnerung war ihm lebendig und gegenwärtig geblieben: die an eine kleine schwarze Katze, an das einzige Wesen, das sich stets dem geordneten, betstubenzahmen Gang jenes Hauses entzogen hatte. Willkürlich kam und ging sie, fuhr teuflisch durch schläfrige Möbel, lebendiger Protest gegen die stumpfe Gewöhnung. Dem Nachsinnenden schien es später, als sei sie ihm damals schon wie das Versprechen einer besseren, ungebundenen Zukunft erschienen. In seine Erinnerung wurde dieser dunkle Schatten einer Rebellion zu einem kleinen Fetischgott."[43]

Ja, immerhin hat die Katze mit der Nacht zu tun. Kein Mensch kennt die Nacht besser als eine Katze. In der Nacht lebt sie auf. Die Tagordnungen fallen in sich zusammen, und die chaotischen Erfahrungen der Nacht machen sich breit. In der Nacht sind alle Katzen grau, damit man keine einzige belangen kann. Nach Umberto Ecos „Der Name der Rose" gibt es eine Abtei bei Tag und eine Abtei bei

Nacht, und letztere ist ganz anders, vitaler, lüsterner und ketzerisch, mit Mord und Totschlag.[44] Auch diese Seite der Katze gibt es, die Nachtseite, die (angeblich!) mit Teufel, Ketzer, Hexen und Ähnlichem zu tun hat. „Ihr Mangel an Fügsamkeit, ihre Geilheit, ihre zwischen Kirchen und Klöstern immer noch unbekümmert wilde Naturnähe, das waren lauter Schuldbeweise für die Eiferer eines neuen Glaubens, der sich von aller heidnischen Natur so heftig abwendete."[45]

In einer erschütternden Weise berichtet Eggebrecht vom „Heldentod" einer Katze im fürchterlichen Stellungs- und Grabenkampf des Ersten Weltkriegs. Unter einer zerstörten Brücke finden die Landser auf Brettern einen trockenen Platz, darunter ist nur Wasser und Matsch. Überall wimmelt es von Ratten. Da entdecken sie im zerstörten Haus gegenüber eine Katze. Völlig verängstigt und verwildert hetzt sie dort herum, immer wieder aufgeschreckt durch die Geschosseinschläge. (Unsere Katze Mauzi hat an Silvester unter dem schrecklichen Lärm der Feuerwerke gelitten, sie hat gezittert, sich versteckt oder ist stundenlang nicht nach Hause gekommen).

Von dem wenigen Essbaren, das die Soldaten haben, legen sie manches aus, um die Katze heranzulocken. Und nach langem Zögern verschwinden dann doch die Essensreste. Aber sie bleibt misstrauisch, und so geht es ein paar Tage. Dann gibt es wieder eine Attacke. Und in der Hölle der Geschosse „fliegt ein weiches Ding mir unter den Händen durch, schaut mit flatternden Augen, die nirgendwo haften, von einem zum anderen. Zwischen uns sechs vorerst Geretteten liegt die Katze, ein grausig verkommenes Bündelchen. Die entfesselte Todesangst hat sie endlich zu uns getrieben ..."[46] Draußen zerbricht die Welt.

Und weiter: „Als der Feuersturm für eine Minute nachlässt, folgen wir, hören vom befohlenen Rückzug in andere Stellungen. Ich will, ich weiß selbst nicht recht, wie und warum, im letztmöglichen Augenblick die Katze auf den Arm und mit mir nehmen. Aber vor meiner ausgestreckten Hand weicht sie so wild zurück, dass ihr halber Körper über die Latten herunterrutscht. Das furchtbare Entsetzen in ihren Augen erregt mich sogar noch in diesem Moment. …" Der Autor springt weg und rennt um sein Leben.

Zehn Stunden später ist der Angriff gebrochen und die Soldaten kehren in diese Stellung zurück. Sie suchen nach der Katze. „Als wir todmüde heranzotteln, packt mich plötzlich eine wilde ungeduldige Neugier. Ich wate den anderen voran, reiße den Verschlag auf, der fest verkeilt ist, leuchte hinein. Im Scheinkegel der Lampe grinst schmatzend eine Ratte, dreht sich gemächlich um und fällt ins Wasser. … Ich fasse hin. Fahre auf. Und heule laut auf, im Einatmen der Luft so jäh ist der Schreck … ich halte einen kleinen runden, weißen Schädel, glatt ist er, sauber poliert, wie von unzähligen Raspelstrichen. … Als nun die Lampen jede Ritze ausleuchteten, liegen zwischen das Stroh verstreut lauter blanke, kleine Knochen. … Einer sagt: ‚Und sie hat gar nicht kämpfen wollen …' Wir sehen uns an und auf einmal laufen uns Tränen übers Gesicht."[47]

So viel „Mitmenschlichkeit" mit der Katze in einem so unmenschlichen Umfeld. So viel liebevolles Retten eines Lebens im Umfeld der Vernichtung des Lebens. So viel Mitgefühl in einem Umfeld, wo es schon lange keine Tränen mehr gibt. Ein Geschöpf, das an sich erleidet, was die Soldaten am liebsten selbst täten: nämlich nicht mehr kämpfen wollen! Was muss das für ein Geschöpf sein, das in einem solchen feindlichen Kontext eine solche Anderswelt hervorzurufen vermag? Unmittelbar könnte sich hier die Rettungsvision des Propheten Ezechiel aufdrängen, in der JHWH die Menschenknochen wieder zusammenfügt, Fleisch über sie wachsen lässt und sie mit Haut überzieht und ihnen den Geist des Lebens einhaucht (vgl. Ez 37,1–10). Aber dass dies dem kleinen Schädel und den kleinen Knochen geschieht, kann nur eine blitzhafte Fata Morgana sein.

Auch der Schriftsteller Günter Kunert (1924–2019) schreibt in seinem Nachwort: „Erst nach diesem, unserem ersten Beieinander las ich sein Katzenbuch und war einerseits hingerissen, andererseits erschüttert – nämlich über die Geschichte der Katze im Schützengraben, die mich verfolgte und noch heute wie ein Stachel in mir steckt. Allein der Gedanke, einer Katze möge Schlimmes geschehen, macht mich krank. Und Eggebrecht ergeht es ebenso. ... Menschlich einander verbunden wurden wir durch unsere vierbeinigen Mitgeschöpfe, die eine Weile sanft und schnurrend durch unser Dasein gehen und es uns damit erleichtern.“[48]

5. Thomas S. Eliots Katzenkaleidoskop

Der englische Dichter Thomas Stearns Eliot (1888–1965) betont in seinem Katzenbuch zunächst das Geheimnis der Katzen und lässt in den nachfolgenden Gedichten die Vielfalt ihrer Charaktere geradezu explodieren mit scharfen Profilen zu- und gegeneinander. Eliots Katzen bilden übrigens die textliche Grundlage des Musicals „Cats“ von Andrew Lloyd Webber.

Im Eingangsgedicht – wie nämlich die Katzen heißen – sortiert er die Namensschichten, die er dann entfaltet. Da gibt es einmal die erste Schicht der Namen: Namen für Hausgebrauch und Familie, wie Paul oder Moritz, Max oder Peter usw. Also vernünftige und alltägliche Namen. Dann gibt es die andere Namensschicht, in der eine Katze ihren Namen nur einmal hat, wie Schnurroaster, Katzastrophal, Kratzeleise, Munkostrap und Jellylorum. Schließlich aber gibt es einen dritten Namen:

> Ihn kennt nur die Katze und gibt ihn nicht preis.
> Da nützt kein Scharfsinn, da hilft kein Bitten.
> Sie bleibt die einzige, die ihn weiß.
> So oft sie versunken, versonnen und
> verträumt vor sich hinstarrt, ihr Herren und Damen,
> hat's immer und immer den gleichen Grund:
> Dann denkt sie und denkt sie an diesen Namen –
> den unaussprechlichen und unausgesprochenen,
> den ausgesprochenen unaussprechlichen
> geheimnisvoll dritten Namen.[49]

Und dann kommen die Katzen mit ihren einmaligen Namen in einem Kaleidoskop ihrer Charaktere: von der lieben Katze bis zur räuberischen. Grüntiger ist zum Beispiel eine solche, die raubt und tötet,[50] sie ist der Schrecken ihrer Umgebung. Dann Remptontracker, ein „komischer Katz", der immer das will, was er nicht hat, und nicht haben will, was er hat:

> Er ist wie er ist, ich bin lieber still,
> das sind so Sachen,
> da kann man nichts machen.
> Er will nun einmal das, was er will.[51]

Er macht einen wirklich nervös:

Wenn er draußen sein soll, dann wird er bös,
ist er drinnen bei mir, ist ihm gar nichts wert –
jede Seite der Tür scheint ihm verkehrt.[52]

Und dann Rumpelmauser und Rattenschreck, die „gräulichen“ Katzen, die klauen, was das Zeug hält:

Frug nach dem Essen umsonst eine Maid:
‚Wo blieb nur mein Warenhausperlengeschmeid?‘
Gleich schrie die Familie: ‚Die gräuliche Katz!
War's Rumpelmauser, war's Rattenschreck?‘[53]

Und der Kater, der „Altdeuteronomium“ heißt, der nimmt's krumm, „wenn irgendein widriger Zufall ihn stört“[54]. Und zur Schreckensgestalt kann die Katze werden, wenn es darum geht, andere Viecher, vor allem Hunde, in Schrecken zu versetzen.[55] Und von Bibisdipos, der geheimen Katze, weiß der Autor zu berichten:

„Und wenn man glaubt, er schliefe fast, ist er noch stets hellwach.“[56]

Und weiter:

„Noch nie war ein Katz' so lieblich, so gewissenlos …
ein Napoleon der Unterwelt!“[57]

Und Bustopher Jones, ein Schleckerjan, ist der Fresssack der Katzen, dessen Bäuchlein sich unverkennbar auswächst.[58] Im letzten Gedicht, wie man Katzen begrüßt, wird erst mal herausgestellt, dass eine Katze kein Hund ist, denn:

Darum ist ein Hund, ich gehe nicht fehl,
was gemeinhin man nennt eine einfache Seel.

Die Katze ist dies entschieden nicht. In einem Katzenkalender ist zu lesen: „Hund ist Prosa, Katze ist Poesie", wobei Prosa ja wirklich schon viel ist! Dafür steht dieses Büchlein von Eliot selbst: geschrieben mit bestechender poetischer Kraft und einem ganzen Kosmos an Unterschiedlichkeit und Gegensätzlichkeit. Alles mag sie sein, die Katze, aber einfach ist sie nicht. Und deswegen gilt die Anrede:

Bei Katzen sei nie die Regel durchbrochen:
Sprich nicht eh' du nicht angesprochen!
Denn eh' Katzen sich herablassen,
zu dir als Freund Vertrauen zu fassen,
woll'n für die Freundschaft sie Beweise,
etwa ein Schüsslein süßen Reis …

Ihre Hoheit, die Katze, darf derlei Arten
und Zeichen der Achtung zu Recht erwarten.
Und so sprengst du endlich den förmlichen Rahmen
und nennst die Katze bei ihrem richtigen Namen.[59]

Es schmälert den Schöpfer in keiner Weise, wenn seine Geschöpfe, als Ebenbilder Gottes, analog zu Gott ein Geheimnis haben. Und vielleicht dachte T.S. Eliot an diesen einen geheimnisvollen Namen Gottes neben den 99 bekannten Namen, wie es der Islam so eindrucksvoll erzählt. Der 100. Name Gottes ist absolut unbekannt und überhaupt unaussprechbar.

Eliots Ahnung entspricht der sprachgeschichtlichen Recherche: „‚Katze' … (ist) tatsächlich eines der schwierigsten und fragenreichsten Wörter."[60] Darin spiegelt sich etwas von der Vielfalt und dem Mysteriösen der Katze. Eliot hat so viel semantische Lust, die unterschiedlichen

Charaktere, ihre Einstellungen und Handlungen zu beschreiben, mit all ihrer Anstößigkeit, aber auch mit all ihren sympathischen Seiten, dass man kaum auf den schönen Verdacht verzichten kann, dass darin auch viel von seinen eigenen Sehnsüchten und Anfälligkeiten zum Vorschein kommt. Eliot ist selbst viel zu begeistert, als dass er darin nicht selber vorkommen würde, wie er „hier die Katzen tanzen und grummeln, schnurren und brummeln lässt", dass es einem das Herz im Leibe lachen lässt. Das gelingt nur, weil bereits dem Autor dabei das Herz im Leibe lacht.[61]

Da ist nichts auf die Reihe zu bringen, weil alles einmalig erfahren und formuliert ist. Um hier interliterarisch ein weit Entlegenes herbeizurufen: Wenn ich einen modernen Autor mit der Unerwartetheit, Widersprüchlichkeit und Heftigkeit des Katzencharakters vergleichen dürfte, dann wäre dies mit Abstand zu vielen anderen Pierre Paolo Pasolini, der in kein Schema passt, der nach allen Seiten aneckt, nicht vermarktbar, hemmungslos realistisch und immer bezogen auf die vitale und oft auch schmerzliche Vielfalt der Welt „von unten".[62] Pasolini ist der klassische Dissident im Chaos der Beziehungen und Lebensnotwendigkeiten, dem Leben immer näher, als Planungen, Ordnungen und Strukturen es je sein könnten. Wenn Hürlimann in seinem Roman „Der große Kater"[63] den Eigensinn und die Widerständigkeit eines im politischen Establishment widerborstigen fiktiven Schweizer Bundespräsidenten unter der Perspektive eines Katers nachzeichnet, könnte man dies auch, natürlich wieder ganz anders, bei Pasolini wagen.

6. Thomas Hürlimanns Kater

Die Katze ist ein zentrales Motiv im Werk des Schweizer Schriftstellers Thomas Hürlimann. Während einer Schreibkrise sei ihm, so erzählte er es Erich Garhammer, eine Katze zugelaufen. Die Probleme, die damit verbunden waren, und all das, was die Katze benötigte, lösten seinen Schreibzwang. Garhammer schreibt: „Aber die streunende Katze und ihre personifizierte Freiheit erlösten ihn von seinem Schreibzwang und schenkten ihm gerade dadurch den rettenden Einfall. Die Katze mit ihrem funkelnden Augenpaar als Wiederverzauberung der Welt – Hürlimann hat diese Erfahrung häufig beschrieben …“[64] Die Katze fängt sogar das Sprechen an. „Für Hürlimann ist sie das Vitale, das Unzähmbare …“[65]

Hürlimann erfährt die Katze überhaupt als dissidentes Tier. Und nicht umsonst kommt möglicherweise der Name „Katzentisch“ von „Ketzertisch“[66] oder umgekehrt. „Hürlimann ist in diesem Sinn ein Ketzer, der das Ausgeschlossene, das Verdrängte an den Tisch holen will.“[67] Und so benennt er seinen schriftstellerischen Weg als „Abendspaziergang mit dem Kater“, um darin seinen Werdegang als Gang gegen viele Widerstände und als Unterbrechung des Gängigen zu markieren.[68] Auch schlimme Unterbrechungen kommen zu Wort, der Tod seines liebsten Menschen, nämlich seines Bruders, der an Knochenkrebs gestorben war, und Hürlimanns eigene Erkrankung an Krebs im Jahr 2018. Dieses Buch selbst erscheint als eine wunderbare Unterbrechung der Erwartung, dass Hürlimann in dieser Krankheit eigentlich kein neues Buch schreiben könne.

Auch in seinem Roman „Heimkehr“ bleibt Hürlimann dem „Dazwischen“ zwischen Leben und Tod, zwischen

Vergangenheit und Gegenwart, zwischen bekannt und fremd, zwischen Verzauberung und Ernüchterung treu.[69] Nach seiner Krebsdiagnose schreibt er diesen großen Roman zu Ende. In ihrer Besprechung zu diesem Buch in der Frankfurter Allgemeinen Zeitung vom 6.10.2018 schreibt Nicole Henneberg, dass dieser Roman ein kluge Lehre bereithalte, „nämlich dass die Projektionen von anderen auf einen selbst nie etwas über den eigenen Wesenskern aussagen, sondern immer nur etwas über den der anderen".

Dieser Bemerkung ist mit Bezug auf die Katze noch etwas nachzugehen: Die Besonderheit der Katze hat sich bis in die Sprache hinein verwurzelt. So bedeutet das lateinische Wort für Katze, catus, so viel wie geistesgegenwärtig und schlau.[70] Natürlich ist es so, dass der Mensch auch seine eigene Klugheit und Schlauheit in die Katze hineinprojiziert und diese dann als solche erfährt. All unsere Katzenerfahrung ist Menschenerfahrung. Aus dem gruppendynamischen Kontext wissen wir, dass bereits zwischenmenschlich ca. 50 Prozent unserer Eindrücke von anderen unsere eigenen Projektionen und Probleme sind. Noch mehr ist es in der Beziehung zu Tieren spannend, was sie über uns selbst enthüllen, wenn wir denken, wir würden etwas über sie enthüllen.

Die menschliche Erfahrung spiegelt sich in diesen Projektionen des Aussehens und Verhaltens der Tiere. „Die ganze Menschheitsgeschichte war die Tierwelt Fundgrube eines langen Registers menschlichen Verhaltens" und menschlichen Aussehens.[71] Die menschliche Physiognomie verbindet sich mit dem Aussehen bestimmter Tiere und präzisiert es dadurch in dem Charakter, der den Tieren zugeschrieben wird.[72] So hat der eine ein Rattengesicht, und die andere ist schlau wie der Fuchs.[73] Schon der griechische Philosoph Demokrit bemerkte, dass die Menschen viele Fähigkeiten von den Tieren übernommen haben: von der Spinne das Weben, von der Schwalbe das Bauen, von der Nachtigall den Gesang, von den Vögeln die Sehnsucht nach dem Fliegen und von vielen Tieren ihre Schönheit.[74]

7. Wolfgang Borcherts „Kuss"

Wolfgang Borchert bringt in seinem Gedicht „Der Kuss" die für nichts verzweckbare, abgründige und absolut selbstwertige Erfahrung, deren Tiere und Menschen fähig sind, wunderbar zum Ausdruck:

Der Kuss

Es regnet – doch sie merkt es kaum,
weil noch ihr Herz vor Glück erzittert:
Im Kuss versank die Welt im Traum.
Ihr Kleid ist nass und ganz zerknittert …
So tief hat sie noch nie gefühlt –
so sinnlos selig müssen Tiere sein! …[75]

Nicht unähnlich Theodor Storm:[76]

Dämmerstunde

Im Sessel du, und ich zu deinen Füßen –
das Haupt zu dir gewendet, saßen wir;
und sanfter fühlten wir die Stunden fließen,
und stiller ward es zwischen mir und dir;
bis unsre Augen ineinandersanken
und wir berauscht der Seele Atem tranken.

Die Katze scheint diese Augenblicke zu kennen und bis zum Äußersten zu genießen. Wenn sie eingerollt auf dem Sofa liegt und schläft oder auch nur blinzelt, wenn sie schmust. Sie tut überhaupt immer das, was sie tut. Ganz so, wie es in der alten Mönchsspiritualität überliefert ist:

Ein ganz auf das innere Leben ausgerichteter Mönch wurde gefragt, warum er trotz seiner vielen Aufgaben immer so gesammelt sein könne: „Wie gestaltest du denn dein Leben, dass du so bist, wie du bist, so gelassen und so in dir ruhend?"

Der Mönch sprach: „Wenn ich stehe, dann stehe ich; wenn ich gehe, dann gehe ich; wenn ich sitze, dann sitze ich; wenn ich schlafe, dann schlafe ich; wenn ich esse, dann esse ich; wenn ich trinke, dann trinke ich; wenn ich schweige, dann schweige ich; wenn ich schaue, dann schaue ich; wenn ich lese, dann lese ich; wenn ich arbeite, dann arbeite ich; wenn ich bete, dann bete ich …" Da fielen ihm die Fragesteller ins Wort: „Das tun wir doch auch. Aber was machst du noch, was ist das Geheimnis deines Mensch-Seins?"

Der Mönch antwortete den Fragenden wiederum: „Wenn ich stehe, dann stehe ich; wenn ich gehe, dann gehe ich; wenn ich sitze, dann sitze ich; wenn ich schlafe, dann schlafe ich; wenn ich esse, dann esse ich; wenn ich trinke, dann trinke ich; wenn ich spreche, dann spreche ich; wenn ich schweige, dann schweige ich; wenn ich schaue, dann schaue ich; wenn ich höre, dann höre ich; wenn ich lese, dann lese ich; wenn ich arbeite, dann arbeite ich; wenn ich bete, dann bete ich …" Allein schon durch diese Wiederholung lässt der Mönch ahnen, was es heißt, in der Gegenwart Halt zu machen.

Da sagten die Neugierigen: „Das wissen wir jetzt. Das tun wir alles auch!"

Der Mönch aber sprach zu ihnen: „Nein, eben das tut ihr nicht: Wenn ihr steht, dann lauft ihr schon; wenn ihr geht, seid ihr schon angekommen; wenn ihr sitzt, dann strebt ihr schon weiter; wenn ihr schlaft, dann seid ihr schon beim Erwachen; wenn ihr esst, dann seid ihr schon fertig; wenn ihr trinkt, dann kostet ihr nicht genug; wenn ihr sprecht, dann antwortet ihr schon auf Einwände; wenn ihr schweigt, dann seid ihr nicht gesammelt genug; wenn ihr schaut, dann vergleicht ihr alles mit allem; wenn ihr hört, überlegt ihr euch schon wieder Fragen; wenn ihr lest, wollt ihr andauernd wissen; wenn ihr arbeitet, dann sorgt ihr euch ängstlich; wenn ihr betet, dann seid ihr von Gott weit weg."[77]

Eine ähnliche Geschichte wird aus dem Zen-Buddhismus im Gespräch zwischen Zenmeister und seinen Schülern überliefert. Es geht um das, was man heutzutage unter dem Stichwort der Achtsamkeit neu entdeckt. Wenn die Gedanken und Sehnsüchte ständig woanders sind und nicht da, wo ich gerade wirklich gegenwärtig lebe, betrüge ich mich um die Gegenwart, um ihr Genießen und um ihr Aushalten. Es braucht diese Momente, es braucht diese Stunden auch, wo ich meine Aufmerksamkeit ungeteilt einer bestimmten Wirklichkeit, einem bestimmten Erlebnis schenke. Bei Wolfgang Borchert ist es der Kuss, bei Theodor Storm sind es die Augen, die ineinanderfallen.

Meister Eckhart (1260–1327) wird die Einsicht zugeschrieben: „Die wichtigste Stunde ist immer die Gegenwart, der bedeutendste Mensch ist immer der, der dir gerade gegenübersteht, das notwendigste Werk ist stets die Liebe."[78] Mit der Katze zusammen braucht man/frau immer eine eigene Aufmerksamkeit, und genau dies unterbricht den Lauf mancher Dinge mit einer eigenartig anderen Welt, das Leben zu sehen und zu gestalten oder überhaupt nichts zu tun. Eine durchgetaktete Welt unterbricht sie mit ihrer Zuwendung, mit unkomplizierter und unregulierter Leichtigkeit. Unbelangbares Leben trifft hier auf ein Leben, das wenigstens einige Zeit lang nicht belangbar sein muss.

Dies alles bezieht sich nicht nur auf Tätigkeiten, sondern auch auf die Daseinsidentität selbst. Sehr schön beschreibt der chilenische Dichter Pablo Neruda (1904–1973, 1971 Nobelpreis für Literatur) das in sich selbst ruhende und zufriedene Wesen der Katze:

> der Mensch möchte Fisch sein und Vogel; …
> der Ingenieur möchte Dichter sein;
> der Dichter trachtet die Fliege nachzuahmen;
> die Katze aber will nichts als Katze sein.[79]

8. Als und mit der Katze

Besonders attraktiv ist es, wenn Katzen zu Akteuren einer Geschichte gemacht werden. Dabei werden nicht nur menschliche Möglichkeiten in die Katze projiziert, sondern vor allem werden ihre charakteristischen Eigenschaften und Verhaltensweisen selbst in diese Projektion aufgenommen. So komponiert Waidi Mouawad, libanesischer Schriftsteller, in seinem Kriminalroman „Anima" die Akteure und Aktionen, auch die inneren Erfahrungen, aus der Perspektive von Tieren und entdeckt aus deren Sicht unterschiedliche Wahrnehmungskonzepte und Zuordnungsprofile: Von der Wegameise bis hin zur Kartäuserkatze haben sie alle einen spezifischen Blick insbesondere auf die Hauptfigur des Romans.[80] Wunderschön ist die Katze von Adrian Loretan, die selbst von sich erzählt. Die Identifikation mit ihr bringt es geradezu zu einer Explosion von Einsichten, Erfahrungen und Gedanken, die ohne diese „Identifikation" nicht möglich wären.[81]

Werden Geschichten von Menschen aus der Perspektive von Tieren, vor allem einer Katze, erzählt, schlägt die Übertragungsphantasie Purzelbäume. Mit solcher Kreativität lässt Frauke Scheunemann nicht nur für Kinder den Kater Winston Kriminalfälle lösen.[82] Nicht zu vergessen die Katzenkrimis von Akif Pirinçci mit dem Katerdetektiv Francis.[83] Georges Simenon offenbart in „Die Katze" am Umgang mit der Katze, wie es mit dem Ehepaar Marguerite und Emile steht, wie sie ihr Leben vergiften und wie sie zugrunde gehen.[84]

In dem Oberfrankenkrimi „Fratzenmond" von Friederike Schmöe,[85] der in Bamberg spielt, begegnet die Detektivin Katinka Palfy einem Kater, der mit ihr den Fall löst. Er heißt bezeichnenderweise „Vishnu". Vishnu ist im Hinduismus die göttliche Form der Erhaltung, im Sinne einer gerechten kosmologischen und menschlichen Ordnung, und erscheint inkarniert als Tier oder Mensch. Vishnu kann aber auch turbulent wirken.[86] Der Kater spiegelt diesen Namen in seinem Verhaltensprofil, und es kommt zu einer eindrucksvollen Palette des Katzencharakters, wie ihn Menschen erleben. Vishnu hat beispielsweise die Lizenz zur Ungezogenheit: „Katinka spürte nur den Lufthauch, als Vishnu zum Sprung ansetzte und neben ihrem Kuchenteller auf dem Tisch landete. ‚Er darf', verkündete Ida. ‚Ich weiß, dass er ungezogen ist. Aber sehen Sie es ihm nach. Was habe ich schon davon, wenn er nicht auf den Tisch springt.‘ Sie kicherte.“ Die letzte Bemerkung ist frappierend überzeugend! Und eine Passage, die das hintergründig Geheimnisvolle anzeigt und zum Leitmotiv wird: „Eine Katze soll der Mensch mal verstehen lernen“, sagte Ida und zupfte an ihrem Blusenkragen. „Ich frage mich, was diese Tiere sehen, das uns verborgen bleibt. Tja, sie sind göttlicher Abstammung.“[87]

5. Erlebnisweisen

Versucht man, natürlich nur versuchsweise, eine systematische Erfassung dessen, was Menschen mit ihren Katzen erleben, komme ich, bestimmt nicht erschöpfend, auf vier zentrale Momente, die sich zueinander und zu anderen Aspekten sehr fluide und flexibel verhalten. Einmal erkannt, entwischen sie auch schon wieder. Trotzdem: Auch die Katze entwischt immer wieder, aber sie war doch *da*.

1. Kindheitliche Geborgenheit

Haustiere werden als Freunde bzw. Freundinnen erfahren. Man kann also tatsächlich von „tierisch besten Freunden" sprechen.[1] Es sind Familientiere, keine Nutztiere. Man würde sie nie schlachten und essen – den Hund vor allem vor dem Hintergrund seiner (anzudressierenden, aber dann nachhaltigen) Treue, die Katze als Wegbegleiterin mit einem eigenen Kopf genauso wie mit der Ästhetik des Possierlichen und vor allem mit dem handlichen Umfang, den man wie ein Kleinkind in die Arme nehmen kann. Eine Erklärung, warum Menschen mit Katzen schmusen, liegt nach der US-Sachbuchautorin Abigail Tucker in dieser anthropologischen Parallelerfahrung: „Hauskatzen wiegen mit vier Kilo so viel wie ein Baby. Dazu kommen große Kulleraugen, Stupsnase und Pausbacken. Das ergibt ein Katzenleben lang das perfekte Kindchenschema."[2]

Heimat- und Geborgenheitsgefühle erleben die Menschen offensichtlich besonders dann, wenn die Katze schläft. Mit den Worten des Dichters Lars Gustavsson: „Und der Schlaf der Katze ruft in mir einen tieferen Schlaf hervor, ihre Art, sich wie ein Fötus einzurollen, um ihren eigenen Mittelpunkt, gibt mir ein Gefühl der Vertrautheit, ein Heimatgefühl, so als wäre diese Welt ein gänzlich natürlicher Aufenthalt."[3]

So ist es nicht verwunderlich, sondern in besonderer Weise eindrucksvoll, dass sich Menschen in der Gefangenschaft nach ihrer Katze sehnen. Anne Frank tut dies in ihrem Tagebuch 1942, wenn sie in ihrem Versteck immer mehr ihre Katze Moortje vermisst: „Moortje vermisse ich jeden Moment des Tages … immer wenn ich an sie denke, bekomme ich Tränen in die Augen davon. Moortje ist so lieb und ich habe sie so gern, ich mache schon Traumpläne, dass sie wieder zurückkommt, denn ich finde sie so lieb und ich vertraue ihr alles an."[4]

Man kann also mit Hartmut Rosa von einer echten Sozialpartnerschaft sprechen. Wir haben uns diese Lebewesen „anverwandelt und wir haben sie individualisiert, ja sogar selbst internalisiert"[5]. Und es braucht eine gewisse Trauer, mit ihrem Verlust fertigzuwerden. Sie sind widerborstig austauschresistent. Dabei trifft Rosa etwas ganz Wesentliches, wenn er diese Resonanzerfahrung auf die Basis von Berührtsein stellt, von Mitgefühl, von Mitfreude und von Mitleid, bis hinein in die Spiegelungsresonanzen in den Nervenzellen.[6]

Wie sehr ein Kater in eine Familie hineinwachsen kann, beschreibt sehr schön Ian McEwan in seiner Kurzgeschichte „Der Kater"[7]. „Falls ihr meint, es sei merkwürdig, einen Kater als richtiges Mitglied einer Familie zu werten, so müsst ihr wissen, dass William älter war als Peter und Tina zusammengenommen. Als junges Kätzchen hatte er ihre

Mutter schon gekannt, als sie noch zur Schule ging. Er war mit ihr auf die Universität gegangen und fünf Jahre später bei ihrem Hochzeitsempfang zugegen gewesen. Als Viola Glück ihr erstes Kind erwartete und sich nachmittags zuweilen im Bett ausruhte, pflegte William der Kater sich auf die runde Wölbung zu legen, unter der sich Peter befand. ... Alle Leiden und Freuden des Familienlebens hatte er ruhig mitverfolgt. Er hatte zugeschaut, wie aus Säuglingen watschelnde Kleinkinder wurden, die versuchten, ihn an den Ohren herumzuschleifen, und er hatte gesehen, wie sich Kleinkinder in ABC-Schützen verwandelten."[8]

Von daher ist es auch nicht überraschend, dass es gar nicht so selten vorkommt, dass manche ihre Menschenbeziehung danach ausrichten, wie die Katze auf die Menschen reagiert. „Wer unseren Kater nicht versteht, der versteht auch uns nicht."[9]

2. Ernstfall Solidarität

Zeigt sich die Katze gewöhnlich als freiheitssüchtige und unabhängige Wilde, so kann sie auch ganz anders werden: Sie kann ihre Freiheit aufgeben und aus reiner Empathie nahe sein und die Situation mitaushalten. Wenn die Mutter des Hauses krank war, dann hat Mauzi sich zu ihr ins Bett gelegt, hat sich nicht nur streicheln lassen, sondern hat ihren Kopf tröstend, so möchte man sagen, streichelnd an die Wange hinbewegt.

Diese unmittelbare Vitalität im „Mitleiden" ist etwas, was auch andere Tiere auszeichnet. Als wir in Island, unweit von Hafnafjördur an der isländischen Nordküste, eine befreundete Familie besuchten, ging ich öfter mit deren

Hund Blessi (ursprünglich ein Hund, der in Island Schafe bewachte) spazieren. Bei einer Tour den Berg hinauf, nicht leicht zu gehen, weil die zerklüftete Lava zur Vorsicht zwang, stürzte ich und verletzte mich am Fuß und am Oberarm, mit dem ich mich abstützen wollte. Blessi war bereits vorweggelaufen, aber als sie meinen Schrei hörte, kam sie sofort zurück, schmiegte sich an mich und sie, die sonst den Auslauf und die Freiheit liebt, wich nicht mehr von meiner Seite. Ich humpelte mit ihr zurück, und sie verließ mich nicht, bis wir zuhause ankamen. Solche Tiere lassen sich durchaus in ihrem sonstigen Verhalten unterbrechen und verzichten dabei auf Freiheit, auf Jagd und Futter.

Nicht nur fehlen den Menschen die Katzen, wenn sie sterben, sondern auch umgekehrt, den Katzen fehlen die Menschen, wenn diese sterben. Ein eindrucksvolles Bild für den Tod vieler Menschen und die Trauerfähigkeit der Katzen erinnert Theresia Heimerl mit einer Szene aus einem Tierheim in Barcelona: „Viele Katzen von Covid-Toten, die verloren in einem Hof warteten. Hier sind die Toten bildlos und gleichzeitig in ihrer Abwesenheit als Individuen, die geliebt und gebraucht wurden, präsent. … Diese Toten, jeder einzelne, sie fehlen uns, mindestens ebenso wie den Katzen."[10]

3. Stolze Freiheit

Erziehbar sind Katzen nicht, hier gilt: „Verlangen Sie von ihrer Katze nur so viel, wie ihre Katze ohnedies bereit ist, freiwillig zu geben."[11] Dressuren, etwa noch verbunden mit Strafen, kann sie überhaupt nicht verstehen. Sie unterbricht jede Art von Selbstoptimierung durch Leistung und vertritt eine autochthone Selbstwertigkeit. Mit Ideologien kann man ihr nicht kommen, denn sie kann überhaupt kein falsches Bewusstsein von dem haben, was Realität ist. Sie erscheint unmittelbar empirisch, aber nicht ohne gleichzeitig geheimnisvoll zu sein. Wenn sie schläft, schläft sie, wenn sie schmust, dann schmust sie, und es gibt keine Anzeichen, dass darin noch ein Stressfaktor liegt, wie z. B. die an sich erholsame Yogastunde zum Stress wird, wenn sie gemacht werden muss, weil man sich ja erholen muss, um wieder fit zu sein. Je mehr die Menschen nach Selbstoptimierung hasten, desto schlechter geht es ihnen dabei und desto weniger gelingt es.

Die Katze genügt sich selbst und hat keine Angst, sich nicht zu genügen. Schon der Gedanke, dass sie sich besser entspannen kann als andere, wäre Ausdruck eines Konkurrenzdrucks, der dann auch durch die Entspannung nicht unterbrochen würde. Und wenn sie wegen der Böllerschüsse an Silvester vor Angst zittert, völlig derangiert, dann muss sie diese Angst nicht verstecken, sondern kann den Schrecken zulassen.

Marcel Reney zitiert in seinem Katzenbuch einen Dr. Lépinay, der zwei Jahre lang versuchte, die wahre Psychologie der Katze an der Pariser Schule für Psychologie zu demonstrieren: „Ich glaube, ich habe das gezeigt, obwohl die Katze beunruhigende Erscheinungen bietet, obwohl ihre Haltung nicht die der anderen Tiere um uns herum ist, obwohl die Katze in der Vergangenheit für Gott oder den Teufel gehalten wurde, obwohl wir sie … sogar als die Verkörperung von Hexen angesehen haben, obwohl sie von einigen geliebt und von anderen als Schädling betrachtet wird, obwohl sie als ein böses, tückisches, aggressives Tier betrachtet, oder im Gegenteil als ein kostbares, sanftes, verbundenes, liebevolles Wesen erfahren wird, in Wirklichkeit kennen wir sie nicht. Es scheint, dass wir ihre skurrile Natur nicht verzeihen können, weil wir es gewohnt sind, Tiere um uns herum zu sehen, die viel flexibler sind, viel fähiger sind, sich unseren Launen zu beugen, weil wir zugeben müssen, dass wir wollen, dass alle um uns herum mehr oder weniger unsere Diener und unsere Sklaven sind."[12] Bis heute gilt dagegen das türkische Sprichwort: „Es heißt, Katzen seien sich der Existenz Gottes bewusst. … Für den Hund ist der Mensch Gott. Nicht so für die Katze. Sie weiß es besser."[13]

Was der Freiheitsaspekt für die Gottesbeziehung bedeutet, kann hier nur angedeutet werden: Es gehört auch zum „Stolz" der menschlichen Freiheit, nicht an Gott glauben zu müssen, um geliebt zu werden. Eine Liebe, die unter Bedingungen steht, ist angesichts eines Glaubens an einen Gott, der durch unendliche Liebe gekennzeichnet ist, völlig verzichtbar. Denn für Gottes Liebe gibt es keine andere Notwendigkeit als die Liebe selbst.[14] In diesem Sinn ist sie postutilitär, also ohne Voraussetzung und Bedingung. Dies beinhaltet die sanktionsfreie Freiheit zum Nichtglauben genauso wie die Anklagelizenz im Glauben. Diese Einsicht kommt ins Gespräch mit Peter Sloterdijks Theopoesie, in der der Mensch auf seiner Suche nach Religionsdichtungen frei bleibt und zu nichts gezwungen werden kann.[15] Entsprechend beschreibt Sloterdijk die Emanzipation des Gottesglaubens: „Das Band zwischen hier und drüben wird durch Schuld gewoben … Später kam der liebende Gott hinzu; seine Liebe freilich blieb oft ein Zwangsvertrag, von Drohungen durchsetzt. Auf liebende Götter jenseits der Ambivalenz wartet man bis auf Weiteres."[16]

Angesichts eines freiheitsschenkenden Gottes darf auch Gott von jeder Instrumentalisierung frei sein. Karl Rahner hat diese „Unbrauchbarkeit" Gottes brillant formuliert: „Das Christentum gäbe sich selber auf, wenn es nicht den Mut hätte, von dieser seligen Nutzlosigkeit der Liebe zu künden, die insofern ja absolut ‚nutzlos' ist, weil sie ja gar nicht sie selber wäre, wenn der Mensch darin seinen eigenen Nutzen, seine Selbstbehauptung, seine eigene Vollendung suchen würde. Diese göttliche Nutzlosigkeit der Liebe zu Gott, ihre Unverbrauchbarkeit, die Rückweglosigkeit der von Gott in seinem Geist ermöglichten Radikalität unserer Transzendenz auf Gott müssen das Christentum und seine Kirchen … verkündigen."[17]

Nicht Glaube oder Nichtglaube bestimmen das Jüngste Gericht, sondern Letzteres ereignet sich angesichts jener Liebe, die diese radikale Freiheit schenkt, also gerade nicht egalitär, sondern mit unterschiedlichem Reueschmerz, der dann, in unvorstellbarer Verbindung von Liebe und Freiheit, aus dieser unmittelbar erfahrbaren Liebe herausbrennt.[18]

4. Lob der Faulheit

Die christliche Morallehre kennt in ihrer Tradition sieben Wurzelsünden: Neid, Wut, Wollust, Stolz, Habgier, Maßlosigkeit und die Faulheit. Martin Luther wird das Wort zugeschrieben: „Der Mensch ist zum Arbeiten geboren wie der Vogel zum Fliegen." Das Raffinierte und auch Gemeine an dieser Formulierung ist die Metapher, nämlich den Zwang zur Arbeit als den freien Vogelflug zu verschleiern. Der puritanische Grundsatz verortet hier sogar die eschatologische Differenz: „Schuften im Diesseits, genießen im Jenseits".[19] (Aus dieser Perspektive holt man tatsächlich etwas Himmlisches in die Gegenwart, wenn man bereits hier das Genießen anfängt!) Schon das Wort faul ist hässlich und assoziiert Fäulnis und Gestank. Positive Wörter wären Muße und Ruhe. Aber: „Die innere Stechuhr zu vergessen, freie Zeit sinnvoll zu nutzen, sie gar zu genießen, will gekonnt sein."[20]

Bis in die Gegenwart gilt Faulheit nicht nur im religiösen, sondern auch im gesellschaftlich-wirtschaftlichen Bereich als „Todsünde". Doch wird dagegen längst das Lied der Faulheit ausgerufen.[21] Spätestens seit der Kapitalismuskritik im 19. Jahrhundert gibt es auch ein neues Recht auf Faulheit, wie dies der französische Sozialist Paul Lafargue, Schwiegersohn von Karl Marx, 1848 in seinem gleichnamigen Buch propagiert hat.[22]

In der Begegnung mit der Katze erfahren die Menschen, dass das neue Recht auf Faulheit nicht moralisierend daherkommt, sondern in einer eindrücklichen Vis-à-vis-Erfahrung, die zum Nachahmen reizt. In der der Balsam direkt erfahren wird, von dem Lafargue spricht: „O Faulheit, Mutter aller Künste und der edlen Tugenden, sei du der Balsam für die Schmerzen der Menschheit."[23] Die Verkörperung des tatsächlichen Ruhestandes oder besser Ruheliegens und -sitzens, wirkt offensichtlich so unmittelbar auf die Menschen, dass sie alles stoppen, wenigstens hinschauen, manchmal auch bei ihr, der Katze, verweilen. Denn zur Erholung gehören vor allem auch die Selbstbestimmtheit und Selbstbestätigung, und beides erscheint in der Katze als total, – wichtige Gegenpole gegen viele Arbeitsräume, in denen Menschen sich als fremdbestimmt erfahren. Es gilt auszuhalten, dass die Freiräume Freiräume sind. Entspannen ist nicht Faulheit. Es gilt, auf das Bauchgefühl zu hören, was persönlich guttut.

Gotthold Ephraim Lessing (1729–1781) schenkt uns ein wunderbar raffiniertes Gedicht, in dem die Paradoxie der menschlichen Muße zum Ausdruck kommt: Wenn sie vermittelt wird, dann kostet das Arbeit, auf die lieber zu verzichten ist:

Lob der Faulheit

Faulheit, jetzo will ich dir
auch ein kleines Loblied bringen. –
O – wie – sau – er – wird es mir, –
dich – nach Würden – zu besingen!
Doch, ich will mein Bestes tun,
nach der Arbeit ist gut ruhn.

Höchstes Gut! wer Dich nur hat,
dessen ungestörtes Leben –
Ach! – ich – gähn' – ich – werde matt –
Nun – so – magst du – mirs vergeben,
daß ich Dich nicht singen kann;
du verhinderst mich ja dran.[24]

Dieses Verweilen muss tatsächlich derart unmittelbar vital erfahren werden, denn die Unruhe des Leistungsdruckes hat das ganze Leben schon erfasst, mit der entsprechenden Einbildung, darin sich selbst zu verwirklichen. „Im neoliberalen System findet die Ausbeutung nicht mehr als Entfremdung und Selbst-Entwirklichung, sondern als Freiheit und Selbst-Verwirklichung statt. Hier gibt es nicht den anderen als Ausbeuter, der mich zur Arbeit zwingt und mich ausbeutet. Vielmehr beute ich mich selbst freiwillig in dem Glauben aus, dass ich mich verwirkliche. Ich verwirkliche mich zu Tode. Ich optimiere mich zu Tode."[25] Keine Freiheit mehr „für Flausen im Kopf und Freiheit im Blick"[26]. Derartige Auszeiten könnten gut mit einer Katze erlebt werden, die beides ganz unmittelbar demonstriert.[27] Spätestens mit Stan Nadolnys „Die Entdeckung der Langsamkeit" (1987) ist die Frage danach, wie die Menschen Zeit erleben und ob nur Beschleunigung zum Erfolg führen kann, einer größeren Anzahl von Menschen bewusst geworden. Nadolny spricht einmal von sendungsbewussten Erziehern, Anglikanern, Methodisten, Katholiken, Presbyterianern, die ständig aus ihrem Sendungsbewusstsein heraus agieren und dabei das Sehen und den Respekt vor den Menschen verlieren.[28] Damit sind wir im religiösen Bereich gelandet.

6. Einsichten für Gottesbild und Seelsorge

Der Umgang mit der Katze führt zu vielfältigen Entdeckungen über uns, auch im Bereich religiösen Glaubens. Ich nehme damit die oben erörterte biblische Einsicht ernst, dass es ohne die Tiere keine Gotteserkenntnis gibt. Wenn mit der Katze das Leben entdeckt wird, wird sie auch zur spirituellen Provokation. Was mir in der Begegnung mit Katzen von meiner eigenen Person und meinem eigenen auch theologischen Denken her wichtig ist, stelle ich gerne in den größeren Zusammenhang einer „theologischen Zoologie", wie sie Rainer Hagencord entwickelt hat. Meine Katzenerfahrung und Katzenreflexion mögen ein konkretes Beispiel dafür sein, ein Leben und auch eine Theologie „mit dem Gesicht zum Tier" zu gestalten. Sie sind ein Beitrag zur Vermittlung von Erfahrungswissen, wie sie in den Zielen des „Instituts für theologische Zoologie" formuliert ist.[1]

Ich wage sogar zu behaupten, dass Katzenbeziehung in dieser Hinsicht ein theologischer, genauerhin ein seelsorgerlich aufschlussreicher Ort sein kann, von dem aus für andere Begegnungsräume manches Erhellende und Kritische abfällt. Katzen und überhaupt Tiere sind als Subjekte der zwischenmenschlichen, der zwischenlebewesentlichen und der ökologischen „Evangelisierung" in den Blick zu nehmen. Tiere werden zur Herausforderung, Wichtiges für den Umgang mit der Schöpfung zu lernen. Jedenfalls wird sich der christliche Glaube davor hüten, Gott, die Menschen und die Tiere nach eigenen Zwecken zu beherrschen und ihnen ihre Würde zu nehmen. Deswegen benötigt auch die

Theologie noch andere Erkenntnis-, Wahrnehmungs- und Handlungsorte als die nur menschenbezogenen Erfahrungen und Argumentationen. Ein solcher Ort ist auch eine humanisierungsrelevante Wahr-nehmung der Katze.[2]

1. Katzenkitsch – Schöpfungskitsch

Es geht hier nicht um eine idealistische Sicht der Schöpfung und der Tierwelt. Wie es einen Schöpfungskitsch gibt, in dem nur das Gute und Schöne gesehen und das Böse und Schlimme und unendlich Schmerzliche in der Welt übersehen und verdrängt wird, so gibt es sicher auch und besonders gegenüber der Katzenwelt eine ähnlich kitschige Wahrnehmung. Man muss sich nur die unendlich vielen Katzenbilder und Katzenvideos im Internet anschauen, um diese Welt kennenzulernen. „Natürlich", und da ist die Natur mit ihrer ganzen Ambivalenz gemeint, sind Katzen nicht umsonst Nachkömmlinge bzw. Kleinausgaben der großen Raubkatzen, vor allem der Löwen. Die mythische Erinnerung reflektiert dies im Übergang von nubischen Löwen zu den kleineren ägyptischen Katzen. Und bei Katzen ist es ohnehin meist so, dass sie diese andere Seite, diese grausame Seite ihrer Identität, ungeniert preisgeben, wenn unser Kater z.B. als besonderen Liebeserweis eine tote Maus vor die Tür bzw. die Füße legt. Und grausam ist die Katze, wenn sie kleinere Mäuse bloß zum Spielen in die Luft schleudert und mit ihren Krallen auffängt. Nicht etwa weil sie Hunger hätte oder die Maus fressen wollte, sondern aus purer Lust. Und man kann es nicht verhindern, dass sie im Garten die Singvögel jagt und in ihrer Gier nicht zu halten ist. Und wir wollen lieber nicht wissen, was sie bei ihren Nachtgängen alles „unternimmt" und wie sie randaliert. Sie tötet nicht nur, wenn sie sich verteidigen muss (übrigens: verteidigen konnte sich unser Kater auch ganz gut: wenn er den großen Labrador in der Nachbarschaft anfauchte, nahm dieser sofort Reißaus) und wenn sie Hunger hat, sondern aus reiner Lust daran. Ach, hier ist sie den Menschen gegenüber nicht besser und nicht schlechter, wenn man bedenkt, welche Spur blutiger Grausamkeit die Menschheitsgeschichte charakterisiert.

Der Kampf gegen das zerstörerische Chaos, der mit der Schöpfung gewonnen schien, ist überhaupt nicht gewonnen (gegen Gen 1,1–2,4a): Denn dieses Chaos bricht immer wieder durch die dünne Membrane geordneten, guten bzw. gesunden Lebens. Es gibt einen „religiösen Schöpfungskitsch"[3], der Gott für die schöne Schöpfung dankt, darin aber die schlimmen Alltagserfahrungen in dieser Schöpfung um ihre Wucht bringt und dazu noch Gott selbst entschuldigt. Den Choral des britischen Komponisten John M. Rutter

All things bright and beautiful,
All creatures great and small,
All things wise and wonderful,
The Lord God made them all.[4]

kann man nur zusammen mit der Persiflage von Monty Python singen:

All things dull and ugly,
All creatures short and squat,
All things rude and nasty,
The Lord God made the lot,[5]

um der ganzen Wirklichkeit gerecht zu werden.

Der Mensch ist nicht an allem schuld (gegen Gen 2,4b–25); für diese prekäre Grundstruktur der Schöpfung ist Gott selbst verantwortlich und auch zur Verantwortung zu ziehen.[6] Wenn man noch an einen „guten" Gott glaubt, dann ist er entsprechend ins Gebet zu nehmen. Da gibt es nichts zu rechtfertigen, wie es überhaupt eine Anmaßung ist, Gott rechtfertigen zu wollen. Das Gegenteil dieser Anmaßung ist die Anerkennung Gottes dadurch, dass die Klagen der Menschen gegen Gott gerechtfertigt werden. Gott als Hilfe, Rettung und Trost anzurufen ist viel, aber nicht so, als hätte Gott mit dem Elend nichts Verursachendes zu tun, als wäre Gott nur ein „Mitopfer". Wenn es wirklich um einen „Gott" gehen soll, der diesen Namen verdient, dann ist er auch als für das Leiden letztlich Verantwortlicher, als „(Mit-)Täter" aufzurufen. Die biblischen Klagepsalmen bezeugen dies aufs heftigste.

Paul Gerhards Lied „Der alles so herrlich regieret", kann nur kontrafaktisch gegen die Wirklichkeit, in der vieles nicht herrlich regiert ist, gesungen werden. Zugleich singen wir das Lied antizipatorisch auf einer in die Unendlichkeit reichenden Zeitschiene in der großen, fast irrsinnigen Hoffnung, dass es von Gott her einmal eine Antwort gibt, die nicht unterhalb des Niveaus des Erlittenen bleibt, sondern dieses Niveau ins Unerschöpfliche an Gerechtigkeit, Liebe und Freiheit hinein übersteigt.

Nicht erst angesichts der Coronakrise, aber jetzt besonders, ist der christliche Glaube, wenn er denn etwas mit der Gottesbeziehung zu tun hat, als eine paradoxe Auseinandersetzung mit Gott zu vertiefen: mit der Verweigerung des Einverständnisses genauso wie mit einer darüber hinausgehenden größeren Hoffnung, die Gott nochmals unendlich größer sein lässt als unsere Verweigerungen (ohne die Letzteren außer Kraft zu setzen): mit einem Gebet zur größeren Ehre Gottes,[7] mit einem anbetenden „Lob“ Gottes dafür, dass es ihn „gibt“. Solches Beten entschuldigt nichts, sondern nimmt Gott als Gott ernst: verantwortlich für alles, unergründlich und unerschöpflich an Leben, Liebe und Freiheit und deshalb auf diese Erfahrungen hin einklagbar!

Warum soll Gott „einfacher“ sein als diese Welt, die so voll ist von nicht nur vitalitätssteigernden, sondern auch tödlichen Paradoxien? Gott kann nicht unterhalb der unendlichen wunderbaren Weite des Universums, aber auch dessen Kälte und Mitleidlosigkeit „gedacht“ und erlebt werden. Es geht darum, Gott nicht simpler sein zu lassen, als die Komplexität des Lebens und der Welt es ist. In einer solchen Theologie setzt manche herkömmliche Logik aus, muss sie aussetzen, weil sie sonst die Paradoxien, die weder im Leben noch im Denken aufgehen, nicht aufnehmen kann.

Tiere, Natur und Weltall können Orte der Gotteserfahrung sein, müssen es aber nicht, es sei denn, man bezieht Gott auch auf alles Negative, auf die Zerstörung, die von Tieren, Natur und Weltall ausgehen. Jedenfalls ist nicht alles positiv, was von diesen drei Wirklichkeiten herkommt. Und wenn man Bakterien und Viren auch zu den Tieren zählt, fällt es schwer, zu glauben, sie seien beseelt und auch ihnen gegenüber würde Gott Liebhaber des Lebens sein, dem nichts, was er geschaffen hat, aus den Händen fällt.[8]

Und doch: Die dunklen Seiten dürfen nicht die sonnigen Erfahrungen verdunkeln oder gar zerstören. Es bleibt richtig: Die Schöpfung ist wunderschön und es gibt in und mit ihr wunderbare Erfahrungen. Dass dies alles erkauft ist durch die andere Seite, gewissermaßen durch Mord und

Totschlag, durch Fressen-Müssen und Gefressen-Werden, durch Töten und Getötet-Werden, zeigt die harten Grenzlinien zwischen der einen und der anderen Seite auf. Wie schnell der fröhlich singende Vogel von der Katze getötet wird! Immerhin: Die Zeit seines Singens bleibt wunderschön. Genau auf diese guten Momente der Begegnung mit unserem Kater und der Katze überhaupt will ich den Scheinwerfer setzen. Denn diese Begegnungen sind für sich wertvoll genug, um nicht vergessen und nicht in unserer eigenen Erfahrung und Erinnerung getötet zu werden.

2. Berühren: ein heikles Unternehmen

Es wurde bei Mauzi schon angedeutet, wie heikel eine Berührung sein kann. Wenn sie im Jagdmodus ist, kann man/frau leicht eine fangen. Besonders heikel ist es, mit ihr zu spielen, etwa mit einem kleinen Ball, denn was der Mensch Spielen nennt, ist bei ihr offensichtlich immer schon Jagen. Was allerdings nicht ausschließt, dass Menschen, vor allem Kinder, erfahren dürfen, dass *sie* mit der Katze spielen und glauben dürfen, dass die Katze ebenfalls „spielt“. Dies ist dann eine eigene Erfahrung des Innehaltens durch Spielen.[9] Manche Kratzspur kommt von der Unvorsichtigkeit solcher Projektionen und rettet die Katze davor, zum „Spielzeug“ zu werden.

Dann aber gibt es wieder Momente, in denen sich der Kater hemmungslos berühren und streicheln ließ und dies sichtlich genoss. Eine Katze wehrt sich sofort, wenn die Berührung zum Zugriff wird. Mit der Katze erfährt man in einer besonders drastischen Weise, wie vorsichtig auch Menschen untereinander mit Berührung umzugehen haben. Körperliche Nähe kann etwas Wunderbares, kann aber auch etwas ganz Abscheuliches sein. Wenn die Katze nicht will, dann kann nichts auf der Welt sie zwingen. Hier ist sie völlig unerpressbar. Die Katze wehrt sich, wenn sie keine körperliche Nähe mehr will. Viele Menschen können dies nicht, weil sie sich in Unterdrückungsverhältnissen befinden. Dass Berührungen hochambivalent bis zerstörerisch sein können, haben die Missbrauchsfälle in den Kirchen und weit darüber hinaus in erschreckender Weise offengelegt.[10] Menschen, die in der Seelsorge arbeiten, müssen sich in Vorbereitungskursen inzwischen abgewöhnen, Kinder allzu spontan zu berühren. Doch auch diese Blockade ist ein Problem.

Die angesprochene Spannung zeigt sich dicht und komplex in den beiden Geschichten in Joh 20, einmal in der Begegnung von Maria von Magdala mit dem Auferstandenen, in der Christus zu Maria sagt, sie solle ihn nicht berühren, sie solle ihn nicht festhalten (Joh 20,17), und in der Geschichte der Begegnung des Auferstandenen mit Thomas, der nur dann an die Auferstehung glauben kann, wenn er seinen Finger in die Wundmale Jesu legen darf (vgl. Joh 20,25–27). Bei Maria von Magdala wird deutlich, dass sich Jesus fürderhin nicht mehr berührbar macht und dass man ihn auch nicht mehr in dieser Berührbarkeit festhalten kann.[11]

In der Thomasgeschichte erfahren wir nicht, ob Thomas tatsächlich seinen Finger in die Wundmale Jesu legt. Im Gegensatz dazu, dass die Fachexegese eher dazu tendiert, dass Thomas dies nicht wirklich tut, aber Letzteres auch nicht ausschließen kann,[12] dominiert in der kirchlichen Tradition, vor allem in ihrer Kunstgeschichte, die Auffassung, dass Thomas tatsächlich seinen Finger in die Seitenwunde legt. Besonders drastisch stellt dies Caravaggio dar in seinem Bild vom ungläubigen Thomas.[13] Geführt von Christi Hand selbst, dringt der Finger tief in die Seitenwunde Jesu ein und zeigt, dass hier mehr im Spiel ist als nur eine sinnliche Vergewisserung, sondern vielmehr ein geradezu gewalttätiger Zugriff auf eine Wirklichkeit, die nicht mehr berührbar ist, ein letztes Aufbäumen des Festhalten-Wollens und des vermeintlichen Rechtes auf Berührung. Die ganze Ambivalenz von Berührung zeigt sich hier: Bar jeder Zärtlichkeit wird hier angegriffen. Jede Art von Fundamentalismus ist ein solcher Zugriff, der nicht loslassen kann und entsprechend ausartet in den gewalttätigen Zugriff auf Menschen und ihren Missbrauch. Den Religionen steht es gut an, auf solche zugriffigen Berührungen zu verzichten. Denn, wie Johannes schreibt, Christus geht zum Vater, er kommt in jene Wirklichkeit, die dem Zugriff prinzipiell entzogen ist.[14] Jedes Leben steht im Horizont dieser Wirklichkeit. Kurzum: Jede Anerkennung von Menschenwürde beginnt mit der Ehrfurcht vor dem eigenen Leib und dem Leib des anderen Lebens.

3. Antizipation des Paradiesischen

Es sagt im Glaubensbereich viel über die jeweilige Wertschätzung der Tierwelt aus, wie man Paradies und Schöpfung versteht. Wenn man sich glaubensmäßig in diesem Narrativ und überhaupt im theologischen Kontext bewegt, können von daher bestimmte Einstellungen ermöglicht und begründet werden. Hagencord versucht, diese Narrative und Konzepte aus der Perspektive der Wertschätzung der Tierwelt zu sortieren und für den entsprechenden Diskurs und die damit verbundenen Einstellungen auszurichten. Von daher fällt auch ein neuer Blick zum Beispiel auf die Noah- und Arche-Geschichte.[15] Interessant ist besonders die Frage, welches Leben die Tiere im biblischen Mythos zwischen Schöpfung und Sündenfall, also im Paradies, gehabt haben. Es war offensichtlich damals so, wie es Jesaja (11,6–8) für die Zukunft erhofft hat: „Da wird der Wolf beim Lamm wohnen und der Panther beim Böcklein lagern. Kalb und Löwe werden miteinander grasen, und ein kleiner Knabe wird sie leiten. Kuh und Bärin werden zusammen weiden, ihre Jungen beieinanderliegen, und der Löwe wird Stroh fressen wie das Rind. Und ein Säugling wird spielen am Loch der Otter, und ein kleines Kind wird seine Hand ausstrecken zur Höhle der Natter."[16] Es gab also, genauso wie für die Menschen, auch für die Tiere kein Leid und keinen Tod. Durch den Sündenfall wurden sie allerdings in geschöpfliche Sippenhaft genommen mit Leid und Tod, mit Fressen und Gefressen-Werden. Sind nicht bereits in dieser Mythologie die Tiere die Opfer der menschlichen Handlungen? Nelly Sachs hat diese Schicksalsabhängigkeit folgendermaßen ins poetische Wort gebracht:

> O ihr Tiere
> Euer Schicksal dreht sich wie der Sekundenzeiger
> mit kleinen Schritten
> in der Menschheit unerlösten Stunde.[17]

Im Paradies jedenfalls mussten die Menschen noch nicht über die Tiere herrschen, weil es für sie kein Bedürfnis war. So gab es im Paradieseszustand keine Tötung von Tieren und damit keinen Fleischgenuss (vgl. Gen 1,29).[18] Danach brauchten sie die Tiere „zur Mithilfe, um die menschliche Lebenslast in nachparadiesischer Zeit auszuhalten“[19]. Thomas von Aquin bringt hier eine schöne Einsicht: „Die Menschen bedurften der Tiere im Stand der Unschuld nicht zur Befriedigung körperlicher Erfordernisse … sie bedurften ihrer jedoch zum Gewinn von Erfahrungswissen, das aus der Kenntnis ihres jeweiligen Wesens gesammelt werden konnte. Dies wird daraus deutlich, dass Gott den Menschen die Tiere zuführt, damit er ihnen Namen gebe, die ihrem jeweiligen Wesen entsprechen.“[20] Es ist also immer ein resilienter Rückgang ins Paradies oder in die eschatologische Zukunft, ein Tier nicht im Horizont der Verwertbarkeit, sondern im Horizont der Lebensweisheit wahrzunehmen. Nach Thomas von Aquin ist dies etwas durchaus „Paradiesisches“, das unsere Verwertungswelt gründlich unterbricht. Wenn Hagencord sagt, dass die Tiere mit ihrem zügellosen Tun den von der Geistlichkeit seit Jahrhunderten zum Lustverzicht gedrängten Menschen eine wortlose Gegenpredigt halten,[21] dann kommt die paradiesische Weisheit der Tiere zum Zuge.

Dass Katzen das Paradiesische assoziieren, hat also noch eine weitere Dimension, nämlich die damit verbindbare Vorstellung, dass Katzen sexuell höchst freizügig und lustversessen daherkommen. Denn in Gen 2 ist „Sexualität nicht auf die Erzeugung von Nachkommenschaft gerichtet, sondern – ähnlich wie das Hohelied, das auf weite Strecken auch in einem paradiesischen Garten spielt – auf das gemeinsame Begehren und den sexuellen Genuss“[22]. Vertritt man aber die Vorstellung „no sex in paradise“[23], dann kann dies die Einstellung befördern, dass der Umgang mit Katzen für eine enge Sexualmoral gefährlich sein kann, verbunden mit der androzentrischen Projektion von der abgrundtiefen Versuchungskraft des Weiblichen. Das oben zitierte Gedicht von Ringelnatz ist ein Reflex auf diese alte Verbindung von Katzen und „Fraun“.

4. Moralisierungsresistent

In der Katzenbeziehung entdecken etliche Menschen ein Geschenk für ihr Leben, eine Gnade also. Die Katze verkörpert ein grundlegendes Freiheitskonzept, das von der Gabe mehr hält als von Leistungsforderungen.[24] Vielleicht darf man die Phantasie nähren, dass Gott in seiner Schöpfung uns mit der Katze eine Verleiblichung von Humor und Anderssein geschenkt hat. Es ist eine Beziehung, die immer wieder verblüfft und verwundert. Die Katzenbeziehung wird damit zu einem eigenen pastoralen Ort! Dabei geht es um einen doppelten Begriff von Pastoral: einmal jene Pastorale, die wir gern mit der gleichnamigen Symphonie von Ludwig van Beethoven verbinden, wo die Gegebenheiten einer ländlichen Natur musikalisch gefeiert werden mit ihren Farben in den Blumen, mit ihrem Leben in den Tieren und Menschen und mit ihrem unterschiedlichen Wetter zwischen Sonnenschein und Gewitter. Mauzi war so etwas wie eine „Pastorale“, wie eine Symphonieanregung, wie ein besonderes Naturerlebnis mit all diesen Anteilen. Sie hat uns eine ganz bestimmte Ästhetik, einen ganz bestimmten Klang ins Haus gebracht.

Mit der Pastoral ist auf der anderen Seite eine Wirklichkeit in den christlichen Kirchen angesprochen. Vor allem in der katholischen wird vieles, was in der evangelischen Kirche unter Verkündigung und Seelsorge läuft, spätestens seit dem Zweiten Vatikanum als pastorales Handeln benannt. Jene Pastoral nimmt Maßstab an dem Pastor, dem Hirten Jesus, wie er in den Evangelien begegnet. Akteure dieses pastoralen Handelns sind nicht nur die Hauptamtlichen oder gar nur die Pfarrer und Pfarrerinnen, sondern alle Gläubigen. So handeln Eltern an ihren Kindern pastoral, wenn sie sich um sie sorgen und ihnen über das Gegebene hinaus Hoffnung zu vermitteln versuchen. Auch mit Bezug auf unsere Katze geht es darum, genauer darauf zu schauen, inwiefern sie den Menschen ein pastorales Handeln und Reagieren zukommen lässt. Jedenfalls etwas, was ihnen pastoral zu denken gibt. So erfahren wir, dass die Katze keine Bedingungen erfüllen muss, um von uns geliebt zu werden.

Theologisch zu denken gibt vor allem die Tatsache, dass die Katze selbst keine Wenn-dann-Struktur zulässt. Sie ist in einer bestimmten Situation so, wie sie ist. Daran ist nichts zu ändern. Darin, dass sie sich Wenn-dann-Drohungen und -Verhaltensweisen nicht gefallen lässt, ist sie geradezu prophetisch gegen einen „Gott", wie ihn die Menschen gerne zur Reglementierung der Menschen haben wollen mit einer das ganze Leben durchsäuernden Wenn-dann-Moralisierung.[25] Gottes Liebe ist von keinem Wenn-dann abhängig. Sie wird zwar jeweils je nach eigener Biografie und Lebensführung unterschiedlich erfahren, aber gegeben ist und bleibt sie bedingungslos.[26]

5. Freiheit: Kommen *und* gehen dürfen

Die Katze kommt und geht, wann und wie sie will. Menschen erfahren dies als eine Freiheit, von der sie oft nur träumen können. Ohne diese Freiheit ist aber jede Seelsorge ein Krampf, weil andere als seelsorgerliche Motive dann stärker sind. Angeregt durch eine nachhaltig wirkende Studienreise in einige Regionen Äthiopiens, hat mich die Taufe des Äthiopiers, wie sie in der Apostelgeschichte begegnet und wie sie von den Kirchen Äthiopiens als ihre eigene Gründungsgeschichte in Text und Bild beansprucht wird, neu interessiert.[27] Die Taufe des Äthiopiers in Apg 8,26–40 lohnt es sich in dieser Hinsicht genauer anzuschauen. Der Text lautet (gekürzt):

„Nun war da ein Äthiopier, ein Kämmerer, Hofbeamter der Kandake, der Königin der Äthiopier, der ihren ganzen Schatz verwaltete. Dieser war nach Jerusalem gekommen, um Gott anzubeten, und fuhr jetzt heimwärts. Er saß auf seinem Wagen und las den Propheten Jesaja. Und der Geist sagte zu Philippus: Geh und folge diesem Wagen. Philippus lief hin und hörte ihn den Propheten Jesaja lesen. Da sagte er: Verstehst du auch, was du liest? … Da begann Philippus zu reden und ausgehend von diesem Schriftwort verkündete er ihm das Evangelium von Jesus … Als sie nun weiterzogen, kamen sie zu einer Wasserstelle. Da sagte der Kämmerer: Hier ist Wasser. Was steht meiner Taufe noch im Weg? Er ließ den Wagen halten und beide, Philippus und der Kämmerer, stiegen in das Wasser hinab und er taufte ihn. Als sie aber aus dem Wasser stiegen, entführte der Geist des Herrn den Philippus. Der Kämmerer sah ihn nicht mehr und er zog voll Freude weiter."

Der Neutestamentler Jürgen Roloff sieht die Geschichte im Zusammenhang mit christlichen Wandermissionaren, als die Taufe „noch nicht verstanden (wird) als Eingliederung in die Gemeinschaft der Kirche" und wo gilt: „Ortsgemeinden spielen in ihr (in dieser Mission, O. F.) keine Rolle."[28] Der Äthiopier kehrt zurück in ein für Jerusalem und Philippus unbekanntes Land. Und auch Philippus geht weiter. In dieser alten Tradition scheint ein alternatives Tauf- und Kirchenkonzept bereits im Neuen Testament auf, das etwas anders ist als die absichtsvolle Nähe der Taufe zur Gemeindeinitiation und zum „vollständigen" Glaubensbekenntnis. Es ist eine Art von Freigabe der Getauften in eine für die Taufenden unbekannte Welt hinein, sowohl regionaler als auch inhaltlicher Art.

Die Taufe ist also kein Unternehmen, das nur in die Zentrale zurückführen muss, sondern auch den davon weggehenden und weiteren Weg mit der Verheißung beschenkt, dass sich auf diesem Weg die Begegnung mit dem „Geist Gottes" ereignen wird. Es ist ein Weg der Suche, deren Ergebnis offenbleiben darf. Gottes Segen ist an keinen Sucherfolg gebunden.

Vor dem Hintergrund dieser kleinen, aber feinen Geschichte und der dahinterstehenden frühen Tradition erweist sich die Taufe als eine Form ritueller Diakonie, bei der nichts gefordert wird als nur der Akt, sie zu wünschen, verbunden mit der Sehnsucht, darin einer Gegebenheit zu begegnen, die menschliches Leben durch das Leid hindurch trägt und ihm Hoffnung gibt. Die Sehnsucht, von einer guten Macht erwünscht und geborgen zu sein, nicht mit Liebesentzug bestraft zu werden und in Freiheit nichtexklusive Zugehörigkeiten zu wählen, gewinnt in der Taufe eine gegenüber gegenwärtigen Religionsformen im Christentum und in anderen Religionen durchaus kontrafaktische Glaubens- und Gesellschaftsform. Die Menschen können erleben, dass sie sich von der Taufe viel erhoffen dürfen, ihre wichtigsten Lebenswünsche mit den Symbolhandlungen der Taufe schier unmittelbar verbinden können und Mut zum Leben und zum

Gutsein bekommen. Getragen vom Ritual, glauben und hoffen sie, dass es eine gute Macht gibt, die die Absicht hat, zu schützen und zu segnen und darin Kraft für das Leben zu schenken, zu unterstützen und Halt zu geben. Diese Sehnsucht ist biblisch genug und kommt in vielen Texten zum Vorschein, worin die Menschen Gottes Schutz erbeten und seinen Segen erbitten und darin selbst zum Segen werden können (vgl. Gen 12,2). Gott lässt, so hoffen wir, die „Zerstreuten" nicht im Stich, weil Gott das Flüchtige und Verlorene sucht und findet (vgl. Koh 3,15).

6. Aus der Ruhe kommt die Kraft

Wenn die Katze schläft, ist sie ganz bei sich, gleichzeitig aber überraschend sprungbereit, um höchst aktiv zu werden. Damit ist sie ein eindrückliches Bild, ja eine Metapher für einen auch menschlichen Zusammenhang.

Jesus tut beides: Er sendet seine Jünger aus *und* lädt sie zur Pause ein. Und beides gehört zusammen. Jesus verzichtet wochenlang auf das Tun und zieht sich in die Wüste zurück, um seiner Gottesbeziehung wieder innezuwerden und daraus die entsprechende Kraft für sein Handeln zu schöpfen. Wie das Reden von Gott auch das Schweigen benötigt, benötigt auch das Tun diese Unterbrechung des Tuns, dieses Zur-Ruhe-Kommen und das Luftholen. Genau das gibt Jesus den Blick dafür und auch die Kraft, im entscheidenden Augenblick auf der Ebene des Handelns das Entscheidende zu geben. Zum Tun gehört das Beten, zur Aktion die Kontemplation, zur Selbstverausgabung die Mystik, zur christlichen Sendung die Doxologie, sei sie ausgedrückt in Gebet, sei sie ausgedrückt in der schweigenden Anbetung. Denn wer redet, hört wenig, und wer immer „tut“, sieht wenig. Es ist ein Sehen, das über das hinausgeht, was wir tun. Es ist ein Dahinter-Sehen oder Darunter- oder Darüber-Sehen.

„Kommt alle zu mir, die ihr geplagt und beladen seid. Ich werde euch ausruhen lassen. Nehmt mein Joch auf euch und lernt von mir; denn ich bin gütig und selbstlos. So werdet ihr in eurem Herzen Ruhe finden; denn mein Joch ist sanft, und meine Last ist leicht“ (Mt 11,28–30). Dies sind Worte, die man wiederholt hören will, weil sie guttun. Sätze sind es, in die man sich geradezu hineinsetzen möchte, um darin zu verweilen. Hier trifft die Redeweise, „als hielte die Zeit an“. Da kommen Texte auf uns zu, die uns nicht wie viele andere Vorhaltungen machen, die uns nicht ungeduldig sagen, was wir zu tun haben, denen wir zu wenig leisten und die uns ganz anders haben wollen. Kein „du musst“ und „du sollst“, sondern eine Einladung, zur Ruhe zu kommen.

Hierher gehört auch, wenn Jesus dazu ermutigt, unsere Sorgen nicht übermächtig werden zu lassen, als würde alles von uns abhängen und als müssten wir das Geschick der Menschen in den Händen halten: „Sorgt euch nicht um euer Leben, denn es ist längst für euch gesorgt“ (vgl. Mt 11,25–30; 6,25ff.). Angesichts der Sorgen und Lasten, wovon unser Leben ohnehin immer wieder voll ist, kommt da nicht einer, der noch mehr auflädt. Und angesichts eines Glaubens, den wir oft nur in der Form von Geboten und Forderungen kennengelernt haben, wird uns hier gesagt: Lasst euch das Leben nicht zur Last werden! Zwar wird nicht davon gesprochen, dass es überhaupt kein Joch gibt und überhaupt keine Last, aber davon, dass es ein Gegengewicht gibt.

Dass es Jesus um die Entlastung der Menschen geht, zeigt sich auch darin, wie wütend er auf die ist, die anderen Lasten aufbürden, vor allem, wenn sie das noch im Namen Gottes tun. So wettert er gegen die religiösen Führer: „Sie schnüren schwere Lasten zusammen und legen sie den Menschen auf die Schultern, wollen selber aber keinen Finger rühren, um die Lasten zu tragen" (Mt 23,4). Wer im Namen des Glaubens Menschen zusätzlich belastet und unter Druck setzt, baut nicht den Glauben, sondern die eigene Herrschaft auf.

Jesus lässt sich Zeit zum Leben, zum wochenlangen Beten in der Wüste. Für die Wahrnehmung des Lebens braucht es die Unbesetztheit von vielem Bisherigen und entsprechende „Leere", um darin die Kriterien und die Grenzen zu finden zwischen Überflüssigem und Entscheidendem, zwischen Beliebigem und Unbedingtem in einer Pastoral, die für alle Beteiligten menschlich bleiben darf und gerade deswegen mit den anderen menschlich umzugehen vermag: im gegenseitigen Geben und Nehmen von Lebensgestaltung und Kreativität. Aus der hektikbremsenden Ruhe kommt die Kraft zur Konsequenz in notwendigen Einsätzen.

Diese Fähigkeit zur Pause zeigt sich im Alltag vor allem darin, sich unterbrechen zu lassen. Dies gilt auch für die Seelsorge: dass Menschen hier einen Ort finden, wo sie auch unbestellt zu Besuch kommen können; wo sie Rat suchen können und überraschend phantasievolle Gespräche vorfinden, wo liebenswürdige Ironie und geistreicher Witz zu Hause sind, wo man Güte spürt, wo keine gestanzten langweiligen Sprüche kommen, sondern eigene tiefe Gedanken; wo mehr zugehört wird als gesprochen, mehr Mitgefühl gezeigt wird als Pathos, wo mehr Fragen gestellt als Antworten gegeben werden, wo viel Neugierde herrscht im Hinhören auf Geschichten der Einzelnen, wo man Belesenheit und geistig-geistliche Offenheit antrifft und keine Ignoranz und Besserwisserei, wo die Menschen zu sagen wagen, dass sie mit etwas überfordert sind und nach einiger Zeit einfach keine Kraft mehr zum Zuhören und Reden haben und so ihre eigenen Grenzen zeigen, wo man sie nicht dauerhaft an sich zu binden versucht, sondern loslässt.

Die Pastoral ist immer erst einmal ein Sein-Lassen der Menschen: erst auf dieser schöpfungstheologisch motivierten kräfteschenkenden Basis verflüchtigt sich die Notwendigkeit, Menschen und Völker nicht im Stich zu lassen, nicht in der dünnen Luft kraftloser Moralisierungen und entkräftender Überforderungen. Derart entsteht eine „menschliche Seelsorge“[29], die sich deshalb so menschenfreundlich auswirkt, weil auch die Seelsorgerinnen und Seelsorger selbst mit sich menschlich umgehen. Es ist schon bezeichnend, wie Ignazio Silone (1900–1978) seinen Roman „Wein und Brot“ beginnen lässt, charakteristisch für die ganze Identität des alten Priesters: „Der alte Don Benedetto saß im Schatten einer Zypresse auf der niedrigen Mauer des Gartens und las sein Brevier.“[30]

7. Zwölf Ausblicke

1. Die Bewusstseinsgeschichte der Menschen ist ohne ihre Sprach- und Begegnungsgeschichte mit den Tieren, näherhin den Katzen, gar nicht zu denken. Es geht dabei nicht um die Psychologie der Katzen selber, sondern um die Psychologie der Menschen, die mit Katzen ihre Erfahrungen machen. Der sprachliche und bildliche Aufwand, mit dem die Menschen die Katze beschenken, ist nicht nur unermesslich, sondern überreich an Phantasie. Offensichtlich eröffnet die Beziehung mit Katzen für nicht wenige Menschen so etwas wie alternative Erfahrungsräume, die neue Dimensionen des Lebens ahnen lassen und damit eine implizit transzendente Qualität haben. Transzendent in dem Sinn, dass sie bisherige Lebenseinstellungen unterbrechen und überschreiben. Nicht dass hier Transzendentes erfasst werden könnte, aber es kann geahnt werden. Die Katzenbeziehung hat selbstverständlich nicht das Monopol auf solche Erfahrungen. Diese können sich mit vielen Tieren ergeben. Empirisch scheinen sich solche Erfahrungen allerdings auf die Begegnung mit der Katze zu konzentrieren.
2. Mit der Katze entdecken Menschen die Unterbrechung rein zweckorientierten Wissens durch eine Weisheit, die ihren Wert in sich selbst hat und sich als „von unten“ geschenkte Kraft zum Alternativen erleben lässt. Indem Menschen wenigstens ein wenig ihr Leben durch ihre Katzenbeziehung unterbrechen lassen, erleben sie diese wie Bileam seine Eselin: Die Kat-

ze bewahrt davor, sich ganz dem Fluch der Leistung und Beschäftigung auszuliefern. Sich auf eine Katze zu konzentrieren unterbricht den eigenen Ablauf der Dinge und bringt eine neue Dimension, eine Unterbrechung zu etwas dann ganz Anderem ein. Wer sich darauf einlässt, kann von dieser Begegnungserfahrung her mindestens zum Teil auch sein bzw. ihr normal ablaufendes Leben und Handeln mit einer neuen Aura aufladen.

3. In der Begegnung mit ihrer Katze erfahren Menschen in besonderer Weise die Mitgeschöpflichkeit der Tierwelt, ihr Eingebundensein in den weiteren Zusammenhang der Schöpfung, grenzüberschreitend zwischen Mensch und Tier. Die Katze wird erfahren als eine besondere Wahrnehmung und Achtsamkeit einem Leben gegenüber, das allein durch sein Dasein und die Unmittelbarkeit seiner Lebensäußerungen zu einem von Moralisierung völlig freien Vorbild für das menschliche Leben wird. Hier steckt kein Muss dahinter, sondern: Schau her, wie ich es mache, und genieße es, wie ich es genieße!
4. Gott liebt die Tiere, sorgt für ihren Schutz und rettet sie, für sie sind der Sabbat und der Bund genauso da, wie sie als zum wichtigsten Gebet fähig erlebt werden, nämlich zum Gotteslob: Allein dadurch, dass sie da sind und nicht etwas anderes tun, als da zu sein, loben sie die göttliche Schöpfungskraft. Reine Präsenz ist immer implizites Lob der Schöpfung. Katzen machen direkt erlebbar, dass sie immer nur das (nicht) tun, was sie (nicht) tun. Und zwar ganz und gar. Darin sind sie, wie Borchert sagt, „sinnlos selig“. Und sinnlos heißt nicht dumm, sondern vor jedem Nach- und Vorden-

ken, die reine Gegenwart. So sind sie auch Lehrende im meditativen Bereich. Mit der Katze auf dem Schoß auf dem Sofa zu sitzen und ihre Wärme am eigenen Bauch zu spüren ist die leibliche Meditation schlechthin.

5. Die jüdische und christliche Geschichte der Katzenbeziehung hat lange gebraucht, die Einstellung zwischen rein und unrein aufzugeben und die direkte Erfahrung mit Katzen als eine das Leben bereichernde Begegnungsgestalt zu erfahren. Die Leidensgeschichte der Katzen, zusätzlich zur unendlichen Leidensgeschichte von Menschen, beinhaltet die dringende Warnung, in allen Beziehungen jede Art von Rassismus und verdinglichender bzw. exkludierender Unterordnung aufzugeben. Denn die Beobachtung ist nicht von der Hand zu weisen, dass, wie Menschen über Tiere herrschen, sie auch über andere Menschen herrschen wollen, und umgekehrt.
   Unzählige Zeugnisse und Stimmen gehen durch die Geschichte hindurch in diese Richtung: Die Katze ist, im weitesten Sinne verstanden, eine Erfahrung der Gnade, nicht verzweckt zu sein, unterbrochen zu werden in den Zwängen der Ordnungen, des Machen-Müssens und wenigstens punktuell frei zu sein. Es sind missgünstige Menschen, die anderen solche bemerkenswert „magische“ Stunden zweckloser Sorglosigkeit nicht gönnen.
6. Die Geheimnishaftigkeit und das Magische, das Kryptische, das mit der Katzenbegegnung immer wieder verbunden und dokumentiert wird, ist erst einmal für sich sehr wertvoll, ist, man könnte fast sagen, eine kleine Erfahrung von Transzendenz durch die Augen der

Katze hindurch in eine Unendlichkeit des Unbestimmbaren. Dies darf man schon als eine Mit- und Vorerfahrung zwischenmenschlicher Beziehung veranschlagen: in der Distanzierung, in der Vorsicht, in der Nichtberechenbarkeit, im Geheimnisvollen eben, das sich die Menschen gegenseitig „unter-stellen“, eine Aura, die auch Basis der Nichtzugriffigkeit und der Freiheit des anderen Menschen ist.

7. Schön ist der Gedanke, dass diese vierbeinigen Mitgeschöpfe „eine Weile sanft und schnurrend durch unser Dasein gehen und es uns damit erleichtern“ (Günter Kunert). Dabei ergeben sich befreiende Öffnungen für eine mitgeschöpfliche Anerkennung und Solidarität, die glücklich macht: zugunsten der Freiheit gegen Unterdrückung, zugunsten des kreativen Chaos gegen beklemmende Eindimensionalität, zugunsten des vitalen Lebens gegen seine beengende Moralisierung, zugunsten des Eigensinns gegen jede Art von Dressur, zugunsten der Faulheit gegen permanenten Leistungsstress, zugunsten frei-kreativer Charismen gegen dogmatistische Fundamentalismen, zugunsten der Geheimnisaura der Geschöpfe gegen ihre Durchschaubar- und Verstehbarkeit.
8. Durchlebt der geliebte Mensch schwere Zeiten, können Katzen, wie viele andere Tiere, alles an eigenen an sich fälligen Reaktionsweisen unterbrechen und sich mit-leidend bei den Betroffenen einfinden. Die Katze tut dies einfach aus ihrem Instinkt heraus, sie braucht kein Liebesgebot. Diesen offensichtlich biogenetisch verwurzelten Trieb gilt es beim Menschen zu wecken und zu verstärken. Denn diakonisch ist es entscheidend, um leidender Menschen willen den Alltag zu un-

terbrechen, Hilfe zu leisten und so solidarisch zu sein. Jesus hat diese Unterbrechungskultur immer wieder thematisiert und erzählerisch auf den Punkt gebracht. Etwa wenn er, nach jüdischer Tradition, um auch am Sabbat Leben zu retten, dessen Gesetze unterbricht und Menschen heilt bzw. Tiere rettet: „Angenommen, jemand von euch hat ein Schaf, und es fällt am Sabbat in eine Grube – würde er es da nicht sofort herausziehen?“ (Mt 12,11).

9. Eine Katze kann nicht dressiert werden. Dass der Mensch ihr oft hilflos mit seinem Willen gegenübersteht und nichts ausrichten kann, ist als eine bereits in der Tierwelt verwurzelte Praxis dafür anzusehen, dass man auch Menschen ihre Sperrigkeit und Widerborstigkeit lässt. Mit der Katze kann dies unmittelbar erfahren werden, nicht als verpflichtendes Muss, sondern als unmittelbares Erlebnis, einfach das gegenseitig eigensinnige Lebendigsein zu feiern. Man kann überhaupt sagen: In den entsprechenden Verhaltensweisen gibt es eine Präfiguration des Zwischenmenschlichen, nicht verstanden als Instrumentalisierung der Katzen für das Zwischenmenschliche, sondern als biogenetische Basis alles Mitgeschöpflichen.

10. Es gab Zeiten, in denen mit der Verachtung der Katze zugleich die Verachtung ihrer Lebensweise und der entsprechenden Lebensweise von Menschen verbunden war. Man konnte ihr nicht nur ihre skurrile Natur und ihre Freiheit nicht gönnen, sondern auch den Menschen nicht. Dass sich Katzen nicht zu Sklaven machen lassen, kann man vor allem dann nicht vertragen, wenn man die Menschen zu Sklaven machen will. Die Freiheit der Katzen ist eine Provokation und Ver-

suchung. So hielten unterdrückende Menschen sogar die Erfahrungen mit nicht unterdrückbaren Katzen für ihren Herrschaftsbereich für gefährlich.

11. Mit jeder Katze ist zu erfahren, dass die Genealogie des „Bösen", des Dunklen, der geschöpflichen Grausamkeit des Fressens und Gefressen-Werdens nicht auszurotten ist. Die Katze bleibt ein Raubtier, und daran ist nichts zu ändern! Dafür kann sie nichts, an dieser Grundstruktur ist das Universum, ist die Natur – und für religiöse Menschen: ist Gott schuld. Es ist in der Begegnung mit ihr zu lernen, dass der entscheidende Unterschied zum Menschen nicht darin liegt, diese „Gene" in sich zu haben, denn die Menschheitsgeschichte zeigt, dass die Menschen diese Triebe zuhauf verwirklichen, sondern dass der Mensch mit Gewissen und Verstand etwas dagegen tun kann. Menschliche Mitleidfähigkeit kann sich auch dann einstellen, wenn nichts zu gewinnen ist, sondern eher sogar Lebensressourcen zu verlieren sind. Es gibt Geschichten, in denen auch Tiere aus Trauer um den Tod von geliebten Menschen Nahrungsaufnahme verweigern und sterben. Für die Katze würde das bedeuten, dass sie nicht mehr Mäuse und Vögel jagt, sondern diese schützt und dabei, im Diesseits jedenfalls, nur deshalb nicht zugrunde geht, weil sie gefüttert wird. Im Jenseits wird es wohl eine große Gesamtlösung geben müssen.
12. Die Katze nötigt uns, eine größere Sensibilität für die Körpersprache zu entwickeln, etwa zu spüren, wann die Katze vom Schmuse- in den Jagdmodus überwechselt und damit leicht gefährlich wird. Oder auch umgekehrt. Was hier erlebt wird und worauf man hier angewiesen ist, kann auch für die zwischenmenschlichen

Begegnungsbereiche bedeutsam sein, im Erspüren von Stimmungslagen, noch bevor ein Wort geäußert wurde. Gerade in der Gefühlswelt gibt es vorschnelle Projektionen, die die Gefühle des Gegenübers völlig falsch interpretieren. Hier hilft schon mal das Schweigen-Können und nicht vorher schon sprachlich im Griff haben zu wollen, was (noch) gar nicht begriffen werden kann.

Damit wollen wir es belassen. Alles Weitere ist der je eigenen direkten bzw. erzählten Katzenbegegnung ohnehin freigegeben.

Anmerkungen

Vorwort

1. Zu dem, was die Katze in ihrer Geschichte „erreicht" hat und wie sie darin ihre Identität aufrechterhalten hat, vgl. den eindrücklichen Text „The Achievement of the Cat", in: Hector Hugh Munro, The Complete Stories of Saki, Ware, Hertfordshire 1993, 393–394.
2. Vgl. Rainer Hagencord, Keine Rede vom Menschen ohne Blick auf das Tier. Das Projekt einer theologischen Zoologie, in: Eleonore Reuter (Hg.), Mit-Mensch Tier, Stuttgart 2015, 17–22, 21.
3. Vgl. Märchen der Gebrüder Grimm, Berlin 1937, 28-32; Josef Lada, Kater Mikesch. Geschichten vom Kater, der sprechen konnte (übersetzt und nacherzählt von Ottfried Preußler), Düsseldorf 2003.

1. Humorig und abgründig

1. Vgl. Sven Giese, Weltkatzentag oder: Internationaler Katzentag – International Cat Day 2021, in: https://tages.guru/CountDown/Weltkatzentag/2021, Zugriff 17.3.2021.
2. Vgl. Giese, Weltkatzentag.
3. Kurt Tucholsky, Der Katzentrust, in: ders., Gesammelte Werke Band 6:1928, 156–157, 156. Rudyard Kipling liefert dafür die wunderschöne „ätiologische" Erzählung in seinen Nur-so-Geschichten: Die Katze, die frei umherstreifte, in: https://www.projekt-gutenberg.org/kipling/nurso/chap011.html, Zugriff 30.4.2021.
4. Michael Brake, Kolumne zum Weltkatzentag. Das Mustertier des Müßiggangs, in: https://taz.de/Kolumne-zum-Weltkatzentag/!5218422, Zugriff 20.3.2021.
5. Vgl. Joachim Ringelnatz, Ich bin so knallvergnügt erwacht. Die besten Gedichte, Wiesbaden 2014, 212–213.
6. Vgl. zum biographischen Hintergrund Hilmar Klute, War einmal ein Bumerang. Das Leben des Joachim Ringelnatz, Berlin 2015.
7. Vgl. https://lyricstranslate.com/de/le-chat-die-katze.html-0, Zugriff 24.4.21.
8. Thomas Mann, Der Zauberberg, Roman, Frankfurt a. M. 1967 (1924), 82–83.
9. Vgl. ebd. 113, 370.
10. Ebd. 765–766 bzw. 361–363.
11. Vgl. Lisa Weller, Performativität von Geschlecht in Thomas Manns „Zauberberg" am Beispiel von Madame Chauchat und Pribislav Hippe, München, Ravensburg 2016.

12. Vgl. Edgar Allan Poe, Die schwarze Katze, in: Rowohlt-Lesebuch für Katzenfreunde, Reinbek 1992, 142–152.
13. Poe, ebd. 142 und 148.
14. Vgl. Munro, Saki 271–273, in der Geschichte: Die Philanthropin und die glückliche Katze.
15. Walter Benjamin, Über den Begriff der Geschichte, in: ders., Illuminationen, Ausgewählte Schriften, Frankfurt a. M. 1977, 251–263, 253 (VII. These).
16. Vgl. Märchen der Gebrüder Grimm, Berlin 1937, 28–32 bzw. 109–111, Zitat 111.

2. Epitaph für Mauzi

1. Vgl. Christine M. Korsgaard, Tiere wie wir. Warum wir moralische Pflichten gegenüber Tieren haben. Eine Ethik. München 2021.
2. Elke Heidenreich (Hg.), Katzenmusik und Katerstimmung. Tierisch-musikalische Geschichten, München 2012, (im Vorwort) 13.
3. Im Vorwort, unterzeichnet mit Fellag, zu Joann Sfar, Die Katze des Rabbiners. 2. Malka, der Herr der Löwen, Berlin 2004.
4. Philippe Val im Vorwort zu Joann Sfar, Die Katze des Rabbiners. 5. Jerusalem in Afrika, Berlin 2006.
5. Jutta Heinz, Katzenphilosophie, in: der blaue reiter 34 (2/2013) 90–91, 91.
6. Vgl. Luise F. Pusch, Das Deutsche als Männersprache: Aufsätze und Glossen zur feministischen Linguistik, Frankfurt a. M. 1984.
7. Bei Anne Lemhöfer, Ekwjhrfowehflwkfnklöw, in: Publik-Forum Nr. 5 (2021), 53.
8. Vgl. Annemarie Schimmel, Die orientalische Katze. Geschichten, Gedichte, Sprüche, Lieder und Weisheiten, München 1989; Joachim Kügler, Tiere als Götter? – Götter als Tiere?, in: Miorita Ulrich, Dina De Rentiis (Hg.), Animalia in fabula. Interdisziplinäre Gedanken über das Tier in der Sprache, Literatur und Kultur, Bamberg 2013, 117–141, 124ff, 132ff.
9. Theresia Heimerl, Verfolgung, Ambivalenz und Säkularisierung: Über Katzen und Kater, in: Feinschwarz: http://www.feinschwarz.net/katzen-religionsgeschichtliche-anmerkungen/ Zugriff 16.3.2021.
10. So die gleichbuchstabige Kolumne von Lemhöfer, ebd.
11. Vgl. Andreas Platthaus, Nicht nach Auschwitz! Nicht nach Israel! Eine Begegnung mit dem französischen Autor, Comic-Zeichner und Regisseur Joann Sfar, in: FAZ (2014) 22, 27.
12. Vgl. Heinz, Katzenphilosophie 90.
13. Leslie Malton in einem Interview am 27.10.2013, mit Julia Prosinger und Verena Mayer, in: Der Tagesspiegel vom 27.10.2013.
14. Vgl. Korsgaard, Tiere wie wir.
15. Claudia Mäder, Es ist absolut vernünftig, das Wohl der Tiere zu för-

dern und ihr Fleisch nicht zu essen, in: https://www.nzz.ch/feuilleton/tiere-wie-wir-christine-m-korsgaard-ueber-moralische-pflichten-ld.1615049, Zugriff 4.5.21.

16. Zu diesen Argumentationsschwierigkeiten, die nicht einfachhin aufgelöst werden können, sondern in ihrer manchmal auch negativen Dialektik das jeweilige Handeln auf mittlere Reichweite hin zu bestimmen vermag, vgl. Alberto Bondolfi, Tier und Tierhaltung aus christlich-theologischer Sicht, in: Dietmar Goltschnigg, Beatrix Müller-Kampel (Hg.), „Die Katze des Propheten". Kulturen der Tierhaltung, Wien 2002, 53–84, hier 74–77.
17. Zu den neueren Ergebnissen in der Tierforschung bei Verhaltensforschern bzw. bei DNA-Analytikerinnen vgl. Gerhard Berger, Gegen die Selbstverständlichkeit des Tötens und Benützens von Tieren in unserer Kultur, in: Goltschnigg, Müller-Kampel (Hg.), Katze des Propheten 95–106, 100–102.
18. Siehe unten Abschnitt 5 in Kapitel 4.
19. Vgl. Thomas Nagel, Wie ist es, eine Fledermaus zu sein?, in: Peter Bieri, Analytische Philosophie des Geistes, Weinheim 1993, 261–275.
20. Vgl. Markus Wild, Jede Katze hat drei Namen. Jacques Derridas Tierphilosophie, in: der blaue reiter 34 (2/2013) 15–19, 19.
21. Vgl. Ottmar Fuchs, Im Raum der Poesie. Theologie auf den Wegen der Literatur, Ostfildern 2011, 328–332.
22. Vgl. Munro, Saki 79–86.
23. Vgl. Bondolfi, Tier 55.
24. Vgl. Schimmel, Katze 89.
25. Zitiert bei Schimmel, Katze 94.
26. Carsten Colpe, Peterle, in: Rainer Kampling (Hg.), Eine seltsame Gefährtin. Katzen, Religion, Theologie und Theologen, Frankfurt a. M. 2007, 337–353, 352–353.
27. Dorothea Sattler, Gewahrwerden sterblich zu sein. Mit Katzen Leben und Tod erfahren, in: Kampling (Hg.), Gefährtin, 295–306, 299. Vgl. Fridolin Stier, Vielleicht ist irgendwo Tag. Aufzeichnungen, Freiburg, Heidelberg 1961, 8f.
28. Fridolin Stier zitiert bei Dorothea Sattler, Gewahrwerden 300.
29. So der Freund in einem Brief.
30. Ebd.
31. Ebd.

3. Historische Streiflichter

1. Zu den vielfältigen Erfahrungen und Verehrungsweisen der Katze in der Geschichte Altägyptens vgl. Joachim Friedrich Quack, Tier des Sonnengottes und Schlangenbekämpfer. Zur Theologie der Katze im Alten Ägypten, in: Kampling (Hg.), Gefährtin 11–40.
2. Kügler, Tiere als Götter 124.

3. Emma Brunner-Traut, Die Stellung des Tieres im Alten Ägypten, in: Universitas 40 (1985) 333–347, 335.
4. Vgl. Bernd Janowski, Ute Neumann-Gorsolke, Gott / Göttin und Tier, in: Janowski u. a. (Hg.), Gefährten 307–311, 307.
5. Vgl. Theresia Heimerl, Katzen und Religion: Eine eifersüchtige Göttin, Religionswissenschaftsblog von Theresia Heimerl vom 8. August 2017. https://www.derstandard.de/story/2000061072345/katzen-und-religion, Zugriff 22.3.2021.
6. Jan Assmann, Altägyptische Weisheit, in: Helmut Schwier (Hg.), Zwischen Torheit und Weisheit, Heidelberg 2011, 221–235, 222.
7. Vgl. Jan Assmann, Der schöne Tag. Sinnlichkeit und Vergänglichkeit im altägyptischen Fest, in: Walter Haug, Rainer Warning (Hg.), Das Fest, München 1989, 3–28, 18–21.
8. Zur Geschichte des Oasenmanns vgl. Assmann, Weisheit 224ff.
9. Vgl. https://www.aphorismen.de/zitat/192211, Zugriff 27.3.2021.
10. In: Christopher Hitchens, The Portable Atheist. Essential Readings for the Nonbeliever (vgl. www.MadeMayDay.com, Zugriff 15.2.2021).
11. Vgl. Silvia Schroer, Die Tiere in der Bibel. Eine kulturgeschichtliche Reise, Freiburg i. Br. 2010.
12. Peter Riede, Register: Tiernamen und Tierbezeichnungen, in: Janowski u. a. (Hg.), Gefährten 377–381, 379.
13. Einige Übersetzungen haben statt Wildkatze Wüstenhunde. Die Gute Nachricht-Bibel hat hier Wildkatzen. Die meisten Übersetzungen haben hier wilde Wüstentiere, wenige präzisieren auf Wüstenhunde bzw. Wildkatzen.
14. Vgl. Othmar Keel, Allgegenwärtige Tiere, in: Janowski u. a. (Hg.), Gefährten 155–193, 178–184.
15. Vgl. Bernd Janowski, Ute Neumann-Gorsolke, Das Tier als Exponent dämonischer Mächte, in: Janowski u. a. (Hg.), Gefährten 278–282, 278.
16. Zum unterschiedlichen bis gegensätzlichen, eher pragmatischen Verhältnis zur Katze in der antiken jüdischen Gesellschaft vgl. Joshua Schwartz, Katzen in der antiken jüdischen Gesellschaft, in: Kampling, Gefährtin 41–73.
17. Der Text befindet sich im „Evangelium der Heiligen Zwölf" (Kap. 34,7–11), angeblich eine apokryphe Schrift aus dem 1. Jahrhundert nach Christus, eher eine nicht unkreative Erfindung von Anfang des 20. Jahrhunderts. Edmond Bordeaux Szekely (1905–1979), ein ungarischer Philologe und Philosoph, hat angeblich das essenische Evangelium des Friedens gefunden und in den zwanziger Jahren übersetzt. Von Seiten der einschlägigen Wissenschaft wird dies allerdings nicht anerkannt.
18. Vgl. https://www.hermetik-international.com/mediathek/historische-schriften-der-gnosis/evangelium-der-heiligen-zwoelf/, Zugriff 2.3.21.
19. Vgl. dazu umfassend Bernd Janowski, Ute Neumann-Gorsolke, Uwe

Gleßmer (Hg.), Gefährten und Feinde des Menschen. Das Tier in der Lebenswelt des alten Israel, Neukirchen-Vluyn 1993.

20. Vgl. Bettina Eltrop, Seid klug wie die Schlangen!, in: Reuter (Hg.), Mit-Mensch Tier 9–16.
21. Marie-Louise Henry, Das Tier im religiösen Bewusstsein des alttestamentlichen Menschen, in: Janowski u. a. (Hg.), Gefährten 20–61, 25, vgl. auch 32.
22. Vgl. Albert de Pury, Gemeinschaft und Differenz. Aspekte der Mensch- und Tierbeziehung im alten Israel, in: Janowski u. a. (Hg.), Gefährten 112–149, 142.
23. Vgl. den Titel bei Janowski u. a. (Hg.), Gefährten und Feinde des Menschen.
24. Vgl. Eltrop, Schlangen 10f.
25. Vgl. Anneliese Hecht, Zehn Tiere, für die Gott als guter Hirt sorgt. Tierpaare in der ersten Gottesrede des Buches Ijob, in: Reuter, Mit-Mensch Tier 37–44, 39.
26. Vgl. Christian Turrey, Mit der Bibel durch den Zoo, in: Reuter, Mit-Mensch Tier 80–83, 80. Man muss bei der Noah-Geschichte allerdings bedenken, dass Gott nur seinen Bund mit der Noah-Familie und mit den ausgewählten Tieren, die in die Arche kommen, anfängt bzw. hält. Alle anderen Menschen und alle anderen Tiere, die nicht in die Arche kommen, werden vernichtet. Diesen Eklektizismus vergisst man meist, und man vergisst auch, wie ungeheuer grausam er ist.
27. Vgl. Eltrop, Schlangen 14.
28. Vgl. Keel, Tiere 161.
29. Vgl. Gabriele Theur, Der blinde Seher und die hellsichtige Eselin, in: Reuter, Mit-Mensch Tier 45–50; zum Vorbildcharakter der Vögel vgl. Katrin Brockmöller, „Alle Vögel sind schon da!“ oder: was wir von Zugvögeln lernen können (Jer 8,4–7), in: Reuter, Mit-Mensch Tier 51–58; zur Taube als Botin der Liebe vgl. Ute Neumann-Gorsolke, Die Taube: Botenvogel – Liebesbote, in: Reuter, Mit-Mensch Tier 74–79.
30. Eltrop, Schlangen 16.
31. Vgl. Josef Schreiner, Der Herr hilft Menschen und Tieren (Ps 36,7), in: Janowski u. a. (Hg.), Gefährten 219–239, 236. Zu den numinosen Aspekten der Tierwelt und zur geheimnisvollen Weisheit der Tiere vgl. auch Othmar Keel, Silvia Schroer, Schöpfung. Biblische Theologien im Kontext altorientalischer Religionen, Göttingen 2002, 64ff. und 68ff.
32. Vgl. Eltrop, Schlangen 16.
33. Vgl. Silvia Schroer, „... wie ich euch auf Geiersflügeln getragen“ (Ex 19,4), in: Reuter, Mit-Mensch Tier 68–73.
34. Vgl. Ulrike Bechmann, Joachim Kügler, Tiere als Gottesmetapher, in: Reuter, Mit-Mensch Tier 59–67.
35. Vgl. Silvia Schroer, Der Geist, die Weisheit und die Taube. Feministisch-kritische Exegese eines neutestamentlichen Symbols

auf dem Hintergrund seiner altorientalischen und hellenistisch-frühjüdischen Traditionsgeschichte, in: Freiburger Zeitschrift für Philosophie und Theologie 33, 1986, 197–225.
36. Vgl. Ferdinand Dexinger, Tier und Tierhaltung im Judentum, in: Goltschnigg, Müller-Kampel (Hg.), Katze des Propheten 21–34, 29.
37. Vgl. ebd. 29.
38. Bondolfi, Tier 54.
39. Vgl. Dexinger, Tier 23.
40. Zur notwendigen hermeneutischen Perspektive, die bestimmte biblische Texte zur Kritik anderer biblischer Texte aufruft und beansprucht, vgl. Keel, Schroer, Schöpfung 237: „Die stark anthropozentrische und herrschaftlich angelegte Schöpfungserzählung von Gen 1 muss bei dieser Gelegenheit von ihrer Monopolstellung befreit und durch weniger aggressive Texte ..., die der Mitwelt des Menschen ihr eigenes Recht und ihren eigenen Raum zugestehen, ersetzt oder zumindest ergänzt werden." Zu dieser Priorisierung aus der Perspektive von Gerechtigkeit und Gnade vgl. Ottmar Fuchs, „Aber es steht doch in der Bibel!" – „Na und?". Aspekte einer negativen Bibelhermeneutik im Horizont von Sexualität und Macht, in: Jahrbuch für Biblische Theologie, Band 33 (2018) Sexualität, Göttingen 2020, 279–298.
41. Vgl. dazu Dexinger, Tier 21.
42. Vgl. Bernd Janowski, Auch die Tiere gehören zum Gottesbund, in: Janowski u. a. (Hg.), Gefährten 1–14, 8.
43. Vgl. Keel, Schroer, Schöpfung 43.
44. Vgl. Dexinger, Tier 24–25.
45. Vgl. ebd. 26.
46. Vgl. ebd. 27.
47. Vgl. Bondolfi, Tier 57; vgl. auch Gerhard Liedke, „Tier-Ethik" – biblische Perspektiven, in: Janowski u. a. (Hg.), Gefährten 199–213, 211; vgl. auch Keel, Schroer, Schöpfung 146.
48. Vgl. Bondolfi, Tier 58.
49. Vgl. ebd. 58.
50. Dexinger, Tier 32.
51. Janowski, Gottesbund 8.
52. Keel, Tiere 180.
53. Vgl. Barbara Leicht, Nah am Jesuskind. Ochs und Esel als Symbol für die Bedeutung der Geburt Jesu, in: Reuter, Mit-Mensch Tier 84–89.
54. Vgl. ebd. 86.
55. Vgl. ebd.
56. Vgl. Mary Douglas, Reinheit und Gefährdung. Eine Studie zu Vorstellungen von Verunreinigung und Tabu, Berlin 1988.
57. Eltrop, Schlangen 9.
58. Philippe Val, in seinem Vorwort zu Joann Sfar, Die Katze des Rabbiners. Fünftes Jerusalem in Afrika, Berlin 2007.
59. Vgl. Bernhard Heller, Neuere Literatur zur jüdischen Sagenkunde, in:

Monatszeitschrift für Geschichte und Wissenschaft des Judentums 70, N.F. 34 (1926) 476–496, 485.

60. Vgl. Ulrike Bechmann, „Aus Saba komme ich mit sicherer Kunde …" Der Weg der Königin von Saba im Koran (Q 27,15–44), erscheint in: Jürgen Bründl, Konstantin Lindner, Thomas Weißer (Hg.), Religiöse Semiotisierung von Räumen (FS Klaus Bieberstein), Bamberg 2021.
61. Zum Thema „Jesus mit den Tieren" vgl. auch Liedke, Tier-Ethik 210–213.
62. Vgl. Gen 1,28; Ps 8,6–8; Ex 23,12; Spr 12,10; Dtn 25,4.
63. Henry, Tier im religiösen Bewusstsein 22.
64. Vgl. dazu: Rainer Hagencord, Theologie: Die beseelte Zoologie, in: DIE ZEIT, 26.11.2009 Nr. 49; vgl. Simone Horstmann, Kommen Tiere in den Himmel?, in: Christ und Welt, Nr. 21, 20. Mai 2021,1–2.
65. Vgl. beispielsweise Colpe, Peterle 353.
66. Vgl. Bondolfi, Tier 64–65.
67. Vgl. ebd. 63.
68. Vgl. ebd. 67.
69. Vgl. ebd.
70. Vgl. ebd. 68; vgl. Mäder, Es ist absolut vernünftig, das Wohl der Tiere zu fördern.
71. Vgl. Bondolfi, Tier 82.
72. Vgl. ebd. 69. Zu Albert Schweitzer vgl. auch Gerhard Berger, Gegen die Selbstverständlichkeit des Tötens und Benützens von Tieren in unserer Kultur, in: Goltschnigg, Müller-Kampel (Hg.), Katze des Propheten 95–106, 98.
73. Vgl. Bondolfi, Tier 70.
74. Vgl. Die Liebe zu Katzen – ein Zeichen des Glaubens im Islam – Daily Sabah: https://www.dailysabah.com/deutsch/deutschland/2017/12/11/die-liebe-zu-katzen-ein-zeichen-des-glaubens-im-islam, Zugriff 21.3.21.
75. Zitiert bei Schimmel, Katze 78.
76. Ebd. 7. Zur Narrativität der Katze im Islam vgl. auch Barbara Kellner-Heinkele, Die Katze. Impressionen aus der religiösen und unterhaltenden Literatur des Islams, in: Kampling, Gefährtin 121–130.
77. Zitiert bei Schimmel, Katze 40.
78. Ebd. 7.
79. Ebd. 11.
80. Vgl. ebd. 11.
81. Vgl. ebd. 16.
82. Vgl. ebd. 20.
83. Vgl. ebd. 16.
84. Ebd. 20.
85. Vgl. Annemarie Schimmel, Die Katze des Propheten. Zu Tieren und

Tierhaltung im Islam, in: Goltschnigg, Müller-Kampel (Hg.), Die Katze des Propheten 85–94, 94.

86. Vgl. dazu Schimmel, Katze 72–73.
87. Vgl. Heimerl, Katzen und Religion.
88. Vgl. Manfred Hutter, Tiere und Tierhaltung im hinduistischen und buddhistischen Kontext, in: Goltschnigg, Müller-Kampel (Hg.), Katze des Propheten, 35–52, 35.
89. Vgl. ebd. 36.
90. Vgl. ebd. 39.
91. Vgl. ebd. 40.
92. Vgl. ebd. 42.
93. Vgl. ebd. 45.
94. Ebd. 49.
95. Ebd.
96. Vgl. Dexinger, Tier 30.
97. Vgl. ebd.
98. Ghurabalbalyn, Mohammeds Katze Made in China?: https://lesewerkarabisch.wordpress.com/2021/02/27/mohammeds-katze-made-in-china/, Zugriff 20.2.2021.
99. Vgl. Bernd-Ulrich Hergemöller, Krötenkuss und schwarzer Kater. Ketzerei, Götzendienst und Unzucht in der inquisitorischen Phantasie des 13. Jahrhunderts, Warendorf 1996.
100. Vgl. Heimerl, Katzen und Religion.
101. Vgl. Daniela Schmidt, „Sô hüete sich alliu diu werlt vor den katzen". Eine Stimme des Mittelalters und deren neuzeitliche Interpretation, in: Kampling, Gefährtin 131–147, 133 und 146.
102. Vgl. Bernd-Ulrich Hergemöller, Vox in rama: Die Dämonisierung des schwarzen Katers, in: Kampling, Gefährtin 159–176, 151: Hier bezogen auf einen Text Vox in rama von 1233.
103. Vgl. ebd. 168.
104. Hergemöller, ebd. 176.
105. Marcel Reney, Our Friends the Cats, London 1947, in part 1,I.
106. Vgl. Markus Thurnau, Ein katholischer Kater. Zur Polemik Thomas Murners, in: Kampling, Gefährtin 177–205, 205.
107. Vgl. Philipp Wälchli, Wie Hund und Katze, in: Kampling, Gefährtin 221–251, 239.
108. Rainer Kampling, Vom Streicheln und Nutzen der Katze. Die Wahrnehmung der Katze bei christlichen Autoren von der Spätantike bis zum 12. Jahrhundert, in: ders., Gefährtin 95–119, 106.
109. Kampling, Streicheln 119.
110. Eberhard König, Über Katzen in Bildern aus der Heilsgeschichte, in: Kampling, Gefährtin 243–258, 258.
111. Vgl. Harald Martenstein, Viele Christen machen sich Sorgen um ihre Haustiere, in: ZEIT-Magazin Nr. 37/2012 vom 6.9.2012.
112. Heimerl, Katzen und Kater.

113. Evangelisches Gottesdienstbuch, Berlin 1999, 185.
114. Vgl. Sattler, Gewahrwerden 305.

4. Literarisches

1. So Denis Scheck in seiner TV-Literatursendung „druckfrisch" im März 2021.
2. Vgl. dazu den eindrucksvollen Überblick über einige literarische Katzenbezüge bei Verena Lenzen, Die Katze Erinnerung, in: Kampling, Gefährtin 331–336, 332–333.
3. Vgl. Saul Frampton, Wenn ich mit meiner Katze spiele – woher weiß ich, dass sie nicht mit mir spielt? Montaigne und die Fragen des Lebens, München 2013, 66.
4. Vgl. ebd. 122.
5. Zur kommunikativen Kraft, bei all ihrer Widerständigkeit, und zum Reichtum ihrer Ausdrucksmöglichkeiten körperlicher Art vgl. Axel Eggebrecht, Katzen. Officina Ludi, illustriert von Klaus Ensikat, Hamburg 2018 (1927), 38–39.
6. Vgl. Frampton, Katze 128.
7. Ebd. 127.
8. Montaigne, zitiert bei Frampton 127.
9. Ebd. 131f.
10. Vgl. ebd. 132.
11. Vgl. Ottmar Fuchs, Didaktische Hinweise für Kompetenzerfahrungen im Trainingskurs mit Video-Recorder, in: Rolf Zerfass, Franz Kamphaus (Hg.), Die Kompetenz des Predigers im Spannungsfeld zwischen Rolle und Person, Münster 1980, 136–149.
12. Carsten Colpe, Peterle, in: Kampling, Gefährtin 337–353, 343.
13. Zitiert bei Frampton, Katze 136.
14. Vgl. ebd. 138.
15. Zitiert ebd. 208.
16. Ebd.
17. Zitiert ebd., 285.
18. Zitiert ebd. 289.
19. Vgl. Heimerl, Katzen und Kater.
20. Ebd.
21. Baudelaire, Blumen des Bösen: http://gedichte.xbib.de/Baudelaire_gedicht_Die+Katzen.htm, Zugriff 18.3.2021.
22. Ebd.
23. Vgl. https://zauberwesen.eu/gedichtemitkatzen.htm., Zugriff 28.3.2021.
24. Vgl. ebd.
25. Rainer Maria Rilke, Werke. Band I,2. Gedicht-Zyklen, Frankfurt a.M. 1980, 351.

26. Elisabeth von Schmidt-Pauli, Rainer Maria Rilke. Ein Gedenkbuch, Stuttgart 1946, 228f.
27. Zitiert bei Schmidt-Pauli, Rilke 229, aus einem Brief vom November 1925.
28. Rilke in einem Brief, zitiert bei Schmidt-Pauli, Rilke 119–120.
29. Vgl. ebd. 132.
30. Vgl. ebd. 199.
31. Vgl. https://gutezitate.com/zitat/266232, Zugriff 27.3.2021.
32. Rilke, Werke I,2, 261.
33. Aus der Sammlung: Die Blumen des Bösen, Kapitel Spleen und Ideal. Vgl. Charles Baudelaire – Die Blumen des Bösen (projekt-gutenberg.org) Zugriff 27.3.2021.
34. Eggebrecht, Katzen 5.
35. Ebd.
36. Ebd. 6.
37. Ebd. 111.
38. Ebd. 14.
39. Ebd. 15.
40. Ebd. 16–17.
41. Vgl. diese Einsicht im größeren Zusammenhang der Tiere überhaupt Rainer Hagencord, Von der (Un-)Vernunft der Tiere. Oder: Plädoyer für eine Wieder-Entdeckung ihrer Vorbildhaftigkeit, in: Peter Nickl, Assunta Verrone (Hg.) Wie viel Vernunft braucht der Mensch?, Münster 2015, 17–24; ders., „Doch frag nur die Tiere, sie lehren es dich …" (Hiob 12,7) – Von einer neuen Wahrnehmung des Tieres in Theologie und Spiritualität, in: Rainer Hagencord, Anton Rotzetter (Hg.) Jahrbuch Theologische Zoologie, Band 1/2014, Berlin 2014, 25–32.
42. Eggebrecht, Katzen 18.
43. Ebd. 27.
44. Vgl. ebd. 52–55.
45. Vgl. ebd. 12.
46. Vgl. ebd. 43–51, 50.
47. Ebd. 51.
48. Günter Kunert, Nachwort zu Eggebrecht, Katzen 60, 61.
49. Thomas Stearns Eliot, Old Possums Katzenbuch, © Suhrkamp Verlag Frankfurt a. M. 1952 (zitiert nach der Ausgabe 1972, 9 und 13).
50. Vgl. ebd. 24–33.
51. Ebd. 37.
52. Ebd.
53. Ebd. 53.
54. Ebd. 63.
55. Vgl. ebd. 77.
56. Ebd. 91.
57. Vgl. ebd. 93 und 97.
58. Vgl. ebd. 113.

59. Ebd. 133.
60. Zur tatsächlichen Komplexität, den Namen der Katze etymologisch zu klären, vgl. Ludger Bilke, Was heißt hier Katze? Untersuchungen zum Namen der Katze, in: Kampling, Gefährtin 75–93, Zitat 93.
61. Vgl. im Klappentext zu Eliot, Katzenbuch.
62. Vgl. Pierre Paolo Pasolini, Freibeuterschriften. Die Zerstörung der Kultur des Einzelnen durch die Konsumgesellschaft, Berlin 1980, vor allem das Nachwort von Agathe Haag, Der Schriftsteller Pasolini ebd. 125–132.
63. Vgl. Thomas Hürlimann, Der große Kater. Roman, Zürich 1998.
64. Erich Garhammer, „Erzählen: das Band zwischen Himmel und Erde" Zum 70. Geburtstag des Autors Thomas Hürlimann, in: Münsteraner Forum für Theologie und Kirche vom 21.12.2020, 4.
65. Erich Garhammer, Abendspaziergang mit dem Kater, in: Lebendige Seelsorge 72 (2021) 1, 74–75, 74.
66. Obgleich die Verbindung von Katze und Ketzer keineswegs gesichert ist – Ludger Bilke erwähnt diesen Bedeutungsanteil in seiner Untersuchung überhaupt nicht, in: Was heißt hier Katze? Untersuchungen zum Namen der Katze, in: Kampling, Gefährtin 75–93. Was freilich nicht ausschließt, dass es eine literarische Versuchung sein kann, die intensive Alliteration beider Begriffe entsprechend zu ätiologisieren.
67. Garhammer, Erzählen ebd.
68. Vgl. Thomas Hürlimann, Abendspaziergang mit dem Kater, Frankfurt a. M. 2020.
69. Vgl. Thomas Hürlimann, Heimkehr. Roman zwischen Traum und Wirklichkeit. Hamburg 2018. Frankfurt a. M. 2018.
70. Vgl. Frampton, Katze 113.
71. Ebd. 113.
72. Vgl. ebd. 115.
73. Vgl. ebd. 115ff.
74. Vgl. ebd. 127.
75. Wolfgang Borchert, Das Gesamtwerk, Darmstadt 1965 (Hamburg 1949), 12.
76. Theodor Storm, Gedichte, Husum 1994, 15.
77. Vgl. https://www.krakovic.de/die-weisheit-des-monches, auch: https://dr-klaus-hettmer.de/2003/die-weisheit-des-moenchs/Zugriff 23.3.21.
78. Vgl. https://www.gutzitiert.de/zitat_autor_meister_eckhart_thema_liebe_zitat_13680.html, Zugriff 23.3.21.
79. Vgl. https://attitudeblog.org/2018/11/10/zitat-der-woche-pablo-neruda/ Zugriff 27.3.2021.
80. Vgl. Waidi Mouawad, Anima. Roman, München 2014.
81. Vgl. Adrian Loretan, Milou kehrt zurück. Oder die Lebenserfahrungen des Katers Milou, in: Kampling, Gefährtin 307–312.
82. Vgl. beispielsweise Winston – ein Kater in geheimer Mission. Katzen-

Krimi für Kinder ab 11 Jahre, Bindlach 2018, mit bereits etlichen Folgebänden.

83. Vgl. Akif Pirinçci, Das Duell. Ein Felidae-Roman, Frankfurt a.M. 2002. Zu den Laut- und akustischen Möglichkeiten der Katze vgl. Pirinçci, Duell 270–271, 265–267. Ein Blick in das Internet unter dem Stichwort Katzenromane lässt viele weitere phantasievolle Bücher entdecken, wie etwa die Samtpfoten-Serie von Melinda Metz, z.B.: Eine Samtpfote zum Verlieben. Ein Katzenroman, München 2019.
84. Vgl. Georges Simenon, Die Katze, Zürich 1985.
85. Vgl. Friederike Schmöe, Fratzenmond. Katinka Palfys dritter Fall, Meßkirch 2006.
86. Vgl. Vishnu – Wikipedia https://de.wikipedia.org/wiki/Vishnu, Zugriff 16.4.2021.
87. Schmöe, Fratzenmond 18 und 29–20.

5. Erlebnisweisen

1. Viktoria Krason, Christoph Wiellmitzer, Tierisch beste Freunde. Über Haustiere und ihre Menschen, Berlin 2017.
2. Zitiert bei: https://www.t-online.de/leben/familie/id_84234366, Zugriff 27.3.2021, vgl. Abigail Tucker, Der Tiger in der guten Stube. Wie die Katzen erst uns und dann die Welt eroberten, Darmstadt 2017.
3. Lars Gustafsson, Mit einer Katze im Bett schlafen, in: ders., Auszug aus Xanadu. Gedichte, München, Wien 2003, 83; vgl. Sattler, Gewahrwerden 306.
4. Zitiert bei Lenzen, Erinnerung, in: Kampling, Gefährtin 332.
5. Hartmut Rosa, Beschleunigung und Entfremdung. Entwurf einer kritischen Theorie spätmoderner Zeitlichkeit, Berlin 2013, 125ff, 125.
6. Vgl. Hartmut Rosa, Resonanz statt Entfremdung, in: Konzeptwerk Neue Ökonomie (Hg.), Zeitwohlstand – Wie wir anders arbeiten, nachhaltig wirtschaften und besser leben, München 2013, 63–73, 72.
7. Vgl. Ian McEwan, Der Kater, in: Jone Heer (Hg.), Weihnachtskätzchen. Die schönsten Geschichten zum Fest, Berlin 2008, 199–216, 202.
8. Ebd. 202.
9. Vgl. Horst Kleemann, Angeblich erziehbar, in: Manuela A. Heise (Hg.), Rowohlt-Lesebuch für Katzenfreunde, Hamburg 1992, 270–279, 273.
10. Vgl. Theresia Heimerl, Der bildlose Tod. Vom Umgang mit dem Sterben in der Corona-Pandemie, in: Herder Korrespondenz 4/2021, 15–17, 17.
11. Vgl. Kleemann, Angeblich erziehbar 270, vgl. auch 273.
12. Marcel Reney, Our Friends the Cats, London 1947 (messybeast.com/bookshelf/1947-reney-our-friends-the-cats.htm, Zugriff 12.3.21) in Kap. II The Spirit of Cats. Deutsch: Unsere Katzen, Bern – Stuttgart 1970. Zu interessanten kulturgeschichtlichen, aber auch literarischen

Texten über die Katze von Ägypten bis in den Anfang des 20. Jahrhunderts vgl. ebd. Teil 1, I–IV.

13. Dokumentarfilm Kedi – Von Katzen und Menschen. https://www.bing.com/videos/search?q=Dokumentarfilm+Kedi+%e2%80%93+Von+Katzen+und+Menschen, Zugriff 10.3.2021.
14. Vgl. Jan Loffeld, Der nicht notwendige Gott. Die Erlösungsdimension als Krise und Kairos des Christentums inmitten eines säkularen Relevanzverlustes, Würzburg 2020, 403; so bereits Ottmar Fuchs, Wer's glaubt, wird selig ... Wer's nicht glaubt, kommt auch in den Himmel, Würzburg 2012, 110–144.
15. Vgl. Peter Sloterdijk, Den Himmel zum Sprechen bringen, Berlin 2020; vgl. Erich Garhammer, Den Himmel zum Sprechen bringen, in: Lebendige Seelsorge 72 (2021) 1, 70–71.
16. Peter Sloterdijk, Nach Gott. Berlin 2017, so der Autor im Umschlagtext.
17. Karl Rahner, Die unverbrauchbare Transzendenz Gottes und unsere Sorge um die Zukunft, in: Schriften zur Theologie, Bd. XIV, Einsiedeln 1980, 405–421, 414.
18. Vgl. Ottmar Fuchs, Das Jüngste Gericht. Hoffnung über den Tod hinaus, Regensburg 2018; ders., Subkutane Revolte. Annette von Droste-Hülshoffs geistliches Jahr. Eine theologische Entdeckung, Ostfildern 2021, 112, 293.
19. Zitiert bei Viola Schenz, Die siebte Todsünde, in: Süddeutsche Zeitung Nr. 299 vom 31.12.–1.1.2017/18, 63.
20. Ebd.
21. Vgl. ebd.; vgl. auch Jakob M. Leonhardt, In der Faulheit liegt die Kraft, Würzburg 2014; Peter Axt, Michaela Axt-Gadermann, Vom Glück der Faulheit, München 2002.
22. Vgl. Paul Lafargue, Das Recht auf Faulheit (1848), neu hg. von Stephan Lessenich 2014.
23. Zitiert bei Schenz, Todsünde ebd.
24. Gotthold Ephraim Lessing, Gesammelte Werke in drei Bänden (hg. von Heinz Puknus), Zweiter Band, Gütersloh, Darmstadt 1966, 44.
25. Byung-Chul Han, Das falsche Versprechen der Arbeit, in: Philosophie Magazin, Nr. 6/2015, 63.
26. Vgl. Manfred Böhm, Der Sonntag – Flausen im Kopf und Freiheit im Blick, in: Joachim Kügler, Ulrike Bechmann (Hg.), Biblische Religionskritik. Kritik in, an und mit biblischen Texten, Berlin 2009, 228–235.
27. Bei Hartmut Rosa heißt das „Entschleunigung", vgl. Rosa, Beschleunigung.
28. Vgl. Stan Nadolny, Die Entdeckung der Langsamkeit, München 1987, 329.

6. Einsichten für Gottesbild und Seelsorge

1. Vgl. https://www.theologische-zoologie.de/ziele, Zugriff 15.3.2021. Grundlegend: Rainer Hagencord, Diesseits von Eden. Verhaltensbiologische und theologische Argumente für eine neue Sicht der Tiere, Regensburg 2005.
2. Vgl. dazu Rainer Hagencord, Die Würde der Tiere: Eine religiöse Wertschätzung, Gütersloh 2011.
3. Vgl. Günter Thomas, Theologie im Schatten der Coronakrise, Manuskript Stand 18. März 2020.
4. Vgl. https://www.songtexte.com/songtext/john-rutter/all-things-bright-and-beautiful-53cc97f1.html, Zugriff 1.5.2021.
   Alle Dinge hell und schön,
   Alle Geschöpfe groß und klein,
   Alle Dinge weise und wunderbar,
   Der Herr Gott hat sie alle geschaffen.
5. Vgl. https://songmeanings.com/songs/view/127785/ Zugriff 1.5.2021
   Alles dumpf und hässlich,
   Alle Geschöpfe kleinkariert und verkrümmt,
   Alles grausam und böse,
   der Herr Gott hat das Ganze gemacht.
6. Vgl. Fuchs, Aber es steht doch in der Bibel 280.
7. Vgl. den Titel, den Jean Anouilh seinem Becket-Stück gegeben hat: Becket oder Die Ehre Gottes, München 1963. Hier geht diese Ehre so weit, dass sie diesseitigen Mächten gegenüber als sinnlos und unvernünftig erscheint, vgl. ebd. 113, im 4. Akt, im Gespräch mit dem König; zur „Last" der Ehre Gottes vgl. ebd. 114 und 131.
8. Zur letzteren Einsicht vgl. Rainer Hagencord, Das Institut für Theologische Zoologie in Münster wird fünf Jahre alt, Theologie mit dem Gesicht zum Tier, im Interview mit domradio.de am 12.09.2014.
9. Vgl. Ursula Stenger, Warum tun wir das? Spiel als Bestimmung des Menschen, in: Forschung und Lehre 28 (2021) 4, 258–260.
10. Vgl. Barbara Haslbeck, Regina Heyder, Ute Leimgruber, Dorothee Sandherr-Klemp (Hg.), Erzählen als Widerstand. Berichte über spirituellen und sexuellen Missbrauch an erwachsenen Frauen in der katholischen Kirche, Münster 2020.
11. Vgl. dazu Rudolf Schnackenburg, Herders theologischer Kommentar zum Neuen Testament. Das Johannesevangelium 3. Teil, Freiburg i. Br. 2/1976, 375ff, 390f. Vgl. auch Ernst Haenchen, Johannesevangelium. Ein Kommentar, Tübingen 1980, 564–580.
12. Vgl. Schnackenburg, ebd. 396.
13. Das Bild ist in der Bildergalerie im Park des Schlosses Sanssouci in Potsdam zu sehen. Es stammt aus den Jahren 1601–1603.
14. Vgl. Schnackenburg, ebd. 376.

15. Rainer Hagencord, Noahs vergessene Gefährtin. Ein zerrüttetes Verhältnis heilen, Ostfildern 2010.
16. Zum eschatologischen Tierfrieden vgl. Uwe Gleßmer u. a., Eschatologischer Tierfriede, in: Janowski u. a. (Hg.), Gefährten 332–333.
17. Nelly Sachs, Fahrt ins Staublose, Frankfurt a. M. 1961, 82, diesen Hinweis verdanke ich Janowski, Gottesbund 1.
18. Vgl. Dexinger, Tier 22.
19. Vgl. Sattler, Gewahrwerden 296.
20. Zitiert ebd. 297.
21. Vgl. Joachim Kronsbein, Religion: Ab in den Himmel, in: Der Spiegel vom 19.12.2009.
22. Irmtraud Fischer, Ungestörte, egalitär gelebte Geschlechtlichkeit. Rekurs auf Konrad Schmids These „No sex in paradise", in: Jahrbuch für Biblische Theologie, Band 33 (2018) Sexualität, Göttingen 2020, 13–22, 16.
23. Vgl. ebd. 13.
24. Vgl. Jahrbuch für Biblische Theologie, Bd. 27 (2012) Geben und Nehmen, Neukirchen-Vluyn 2013.
25. Vgl. Ottmar Fuchs, Und die Moral von der Geschicht: Setz auf die Moralisierung nicht!, in: Lebendige Seelsorge 71 (2020) 4, 267–271.
26. Vgl. ders., Das Jüngste Gericht. Hoffnung über den Tod hinaus, Regensburg 2018.
27. Vgl. ders., Jes 53,7–8 als theologische Mitte alternativer Taufpastoral in Apg 8,26–40, in: Theologische Quartalschrift 195 (2015) 4, 315–338.
28. Jürgen Roloff, Die Apostelgeschichte, Das Neue Testament Deutsch, Teilband 5, Göttingen 1981, 139.
29. Zum diesbezüglichen Begriff der Seelsorge bzw. des Seelsorgers und der Seelsorgerin vgl. Rolf Zerfaß, Menschliche Seelsorge, Freiburg 1985, 77f, 85–92, 169; vgl. herausragend auch die Arbeiten von Doris Nauer, besonders: Seelsorge. Sorge um die Seele, Stuttgart 2007.
30. Ignazio Silone, Wein und Brot. Roman, Köln 1974, 5.